院政

天皇と上皇の日本史

本郷恵子

講談社現代新書

2523

目次

はじめに

二〇一六年ぶりの天皇退位

二〇一六年八月、高齢による退位の意向を述べる「象徴としてのお務めについての天皇陛下のおことば」がテレビで放送された。その後、内閣官房に設置された「天皇の公務の負担軽減等に関する有識者会議」および国会における議論を経て、二〇一七年六月に、「天皇の退位等に関する皇室典範特例法《こうしつてんぱん》」が公布され、退位と代替わりに関わる諸事項が定められた。近年の皇室においては、天皇位継承の見通しと皇族数の減少が大きな問題となっていたが、この特例法によって、前者についてはひとまず確定し、後者についても女性宮家創設等を検討する必要性が、付帯決議として示された。

古代から今日まで、一二五代にわたる天皇の歴史の中で、生前に皇位を退いたのは五八例と、半分近くになる。ところが、近代の皇室に関する法律である「皇室典範」には、天皇の退位（生前譲位）についての定めがない。明治二二年制定の大日本帝国下の「皇室典範」、「第二章　践祚《せんそ》即位」の項の第一条には、「天皇崩ずるときは皇嗣《こうし》即ち践祚し祖宗の神器を承《う》く」（天皇が崩御すれば、皇太子がただちに天皇位を継承し、三種の神器を受け継ぐ）とある。践祚とは皇位に即《つ》くことを意味し、践祚の後にしかるべき準備を整えて即位式を行うのが代替わりの手続きである。また、第二次世界大戦後の昭和二二年一月に公布され、「日本国憲法」と同時に施行された新しい「皇室典範」においても、「第一章　皇位継承」第四条に、「天皇が崩じたときは、皇嗣が、直ちに即位する」と規定されている。すなわち明治維新以後は一貫して、天皇の代替わりは現天皇の崩御によってのみ発生することになっているのである。

伊藤博文《いとうひろぶみ》著『帝国憲法・皇室典範義解』は、起草にあたった立場からの大日本帝国憲法および皇室典範の解説書である。一条ごとに懇切な説明がついているのだが、「天皇崩ずるときは皇嗣即ち践祚し祖宗の神器を承く」については、おおむね以下のように述べられている。

神武《じんむ》天皇以来、鏡・剣・璽《じ》の三種の神器が皇位を守護すると考えられており、即位の際には、かならずこれらの三種の神器を継承する。（中略）上古には践祚と即位の区別はなく、践祚の日に神器を奉ることによって、皇位の継承とみなしていた。「天子の位は一日も曠《むな》しくすべからず」という原則があるからである。ただし天智《てんち》天皇（六二六～六七一）は母の斉明《さいめい》天皇が崩御した後、皇太子のままで政務をとるという方式を選んだ（称制《しょうせい》）。天智がようやく即位したのは七年の後で、これが践祚と即位が別々に行われた初例である。

その後の歴代の天皇は、践祚の後、数年を経て即位の礼を行う場合などもあったが、践祚の際に神器を継承することは上古以来変わっていない。本条の意味するところは、天皇位に空位の日があってはならず、また神器相承こそが皇位継承の本質だということである。

また、神武天皇から舒明《じょめい》天皇にいたるまでの三四代のあいだは譲位の例がない。皇《こう》極《ぎょく》天皇（五九四〜六六一）がはじめて譲位するが、これは女帝が（しかるべき継承者の不在等の特殊な事情により）仮に皇位を保持したことから生じた事態である（継体《けいたい》天皇が安閑《あんかん》天皇に譲位したという例はあるが、譲位の同日に崩御しているので、譲位の初例には数えない）。ところがその後、聖武《しょうむ》天皇・光仁《こうにん》天皇らが譲位したことから、次第に譲位が定例化した。さらに、「権臣の強迫」によって（皇統が分裂する）両統迭立《りょうとうてつりつ》にいたり、その結果として南北朝の動乱が起こった。本条で、践祚は先帝崩御の後に行われると定めたのは、中古以来の譲位の慣例をあらためて、上代の恒典（一定不変の規則）に従うためである。

「天皇崩ずるときは皇嗣即ち践祚し祖宗の神器を承く」の意味するところは、要するに以下の二点である。第一に、天皇位には一日の空白もあってはならず、ただちに継承が行われるべきであること。第二に、臣下の政治的意図等に発する強要によって皇位が左右される可能性を排除するために、天皇の代替わりの条件を単純化し、人為による操作の入り込む余地を設けないことである。とくに第二の点については、天皇が自らの判断で皇位を退き、皇太子に位を譲る「譲位」が中古以来の慣例になっていたと示したうえで、これを採用せず、現天皇の崩御によってのみ継承が発生すると定めた。結果として譲位が行われなかった上代（古代、おおむね奈良時代ごろを指す）の方式に従うことになったというのである。

「中古以来譲位の慣例」をわざわざ改めたこの判断は、天皇位が政争の具になることを避けるという意味では、首肯できる。だが医療の発達による長寿化は、高齢となった天皇に過酷な公務遂行を要請する結果を生んでいる。また、天皇位が男系の男子によって継承されることは、皇室典範の第一条に「皇位は、皇統に属する男系の男子が、これを継承する」と定められているが、この点についても、今日の皇室の構成では、直系継承と男系継承を両立させることが不可能なのは周知のとおりである。超高齢化・少子化、男女の役割の問題等、天皇家もまた、きわめて今日的な課題を社会と共有しているといえるだろう。

新たな「院」の時代に過去の歴史をふりかえる

神話時代は除くとしても、日本の天皇家は少なくとも千数百年にわたって、一二五代という皇位継承を実現してきた。これが可能だったのは、「天皇」の運用が非常に柔軟だったからだといえるだろう。『帝国憲法・皇室典範義解』に述べられていたとおり、天皇不在で皇太子が政務をとった時期もあるし、女性天皇や幼帝が位に即《つ》く場合もあった。天皇は終身の地位ではなく、譲位も頻繁に行われていた。天皇の地位が日本の頂点に置かれていたことは間違いないが、それは時代の政治状況に応じてかなり大きな幅をもって運用することができた。ほとんど場当たり的といってもよい。

「天皇」の運用において、最も画期的だったのが、おそらく「院政」の開始である。古代以来の制度である太政官制を保持したまま、速やかな政治的判断と断固たる政治的決断を可能とする回路を作り出し、新しい時代を開いたのが院政という方式である。天皇の父であることを根拠に権力を掌握した院のもとに、日本のさまざまな場所で胎動《たいどう》していたエネルギーが引き寄せられ、大きなうねりとなった。

「中古以来譲位の慣例」から生まれた「院政」という政治方式を追跡することを中心に、「万世一系」とうたわれる血統の再生産がいかにして維持されてきたのか、それを支えてきた組織や財政の仕組み、社会の構造がどのようなものであったかを考えていくのが本書の目的である。

第一章　院政以前——譲位と太上天皇

皇祖母尊

大日本帝国において、天皇は国家を統治する主権者と定められていた。だが「権臣の強迫」に曝《さら》されることを恐れて、自身の進退を決定できない主権者というのも、矛盾した存在である。前近代の天皇は、その進退去就も政治活動の一環であり、自身および一族の利害に応じて、さまざまな選択を行っていた。

天皇譲位の最初の例は、前出の伊藤博文『帝国憲法・皇室典範義解』が述べるとおり、第三五代の皇極天皇（宝女王）である。皇極天皇は舒明天皇の皇后であり、中大兄皇《なかのおおえのおう》子《じ》（後の天智天皇）・間人《はしひと》皇女（孝徳《こうとく》天皇の皇后）・大海人皇子《おおあまのおうじ》（後の天武《てんむ》天皇）の母であった（系図1参照。数字は代数）。六四一年に舒明天皇が崩御した後に、後嗣が決まらなかったため、皇后が即位して皇極天皇となったのである。政治の実権は、蘇我蝦夷《そがのえみし》・入鹿《いるか》父子が握り、彼らが皇位に対しても干渉の手をのばそうとしていたため、天皇位をめぐる政治状況はたいそう複雑だった。

六四五年六月一二日、中大兄皇子と中臣《なかとみの》（藤原《ふじわらの》）鎌足《かまたり》が、宮中で蘇我入鹿を討った。翌日、父の蝦夷は館に火を放って自害し、蘇我氏は滅びた（乙巳《いつし》の変）。翌一四日に皇極天皇は、同母弟の軽皇子《かるのみこ》に皇位を譲り（孝徳天皇）、中大兄王子が皇太子となった。孝徳・中大

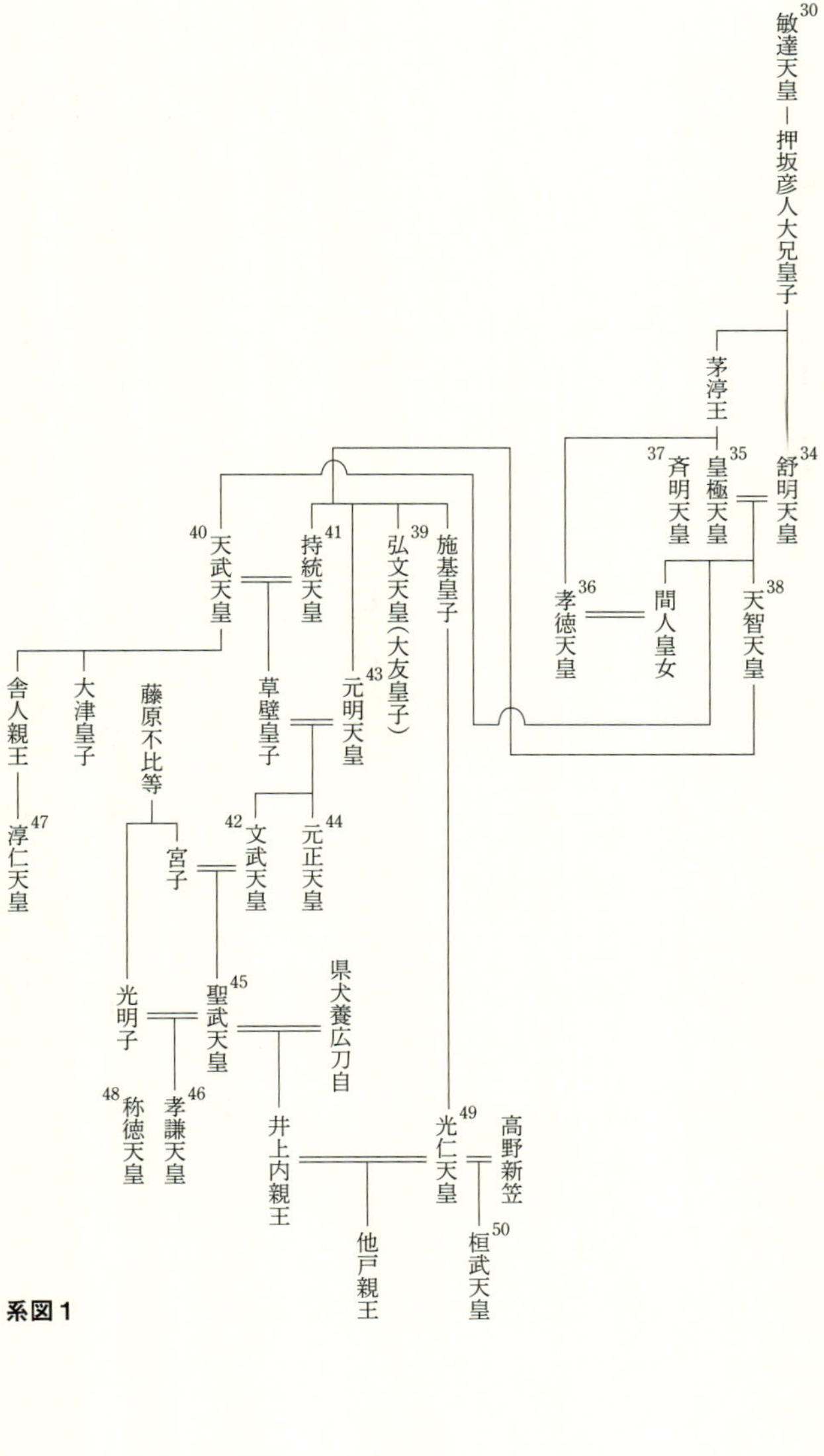
30 敏達天皇
押坂彦人大兄皇子
茅淳王
34 舒明天皇
35 皇極天皇
37 斉明天皇
36 孝徳天皇
間人皇女
38 天智天皇
施基皇子
39 弘文天皇（大友皇子）
43 元明天皇
41 持統天皇
40 天武天皇
草壁皇子
大津皇子
舎人親王
47 淳仁天皇
藤原不比等
42 文武天皇
44 元正天皇
宮子
光明子
45 聖武天皇
県犬養広刀自
46 孝謙天皇
48 称徳天皇
井上内親王
49 光仁天皇
高野新笠
他戸親王
50 桓武天皇

系図1

兄は一九日に、はじめて「大化《たいか》」という元号を定め、政治の刷新に乗り出した。これが大化の改新である。中大兄皇子が、皇太子の地位にとどまって政治を主導する方法を選んだため、六五四年に孝徳天皇が崩御した際には、皇極が再び天皇位に即き、斉明天皇と称されることになった。史上はじめての重祚《ちょうそ》(一度譲位した天皇が再び位に即くこと)である。

皇極(斉明)天皇は、推古《すいこ》天皇に次ぐ史上二人目の女帝であり、加えて譲位・重祚の初例を開いた。天皇家内部での力関係や、有力豪族と天皇家との確執、改革の必要性や外交問題等、政治状況が混迷していたために、破格の対応を続けざるをえなかったといえるだろう。譲位にあたって、皇極天皇は「皇祖母尊《すめみおやのみこと》」という尊称を奉られた(『日本書紀』)。「皇祖母尊」とは御母の意で、孝徳天皇が、前天皇である姉を特に母と崇《あが》めて、このように称したと考えられる。前天皇と現天皇との関係が、親子に擬せられたのである。この時にはまだ、譲位した天皇を指す「太上天皇《だいじょうてんのう》」の語は用いられていなかった。

最初の太上天皇

次の譲位の例は、持統《じとう》天皇(六四五~七〇二 鸕野讃良《うののさらら》)である。天智天皇の皇女で、さきの皇極天皇の孫にあたり、叔父の大海人皇子の妻となっていた。六七一年に天智天皇が崩御し、その皇子の大友皇子《おおとものおうじ》が跡を継いだ。これに対して、翌年、吉野《よしの》に隠棲していた大海人皇子が兵を挙げ、地方豪族を味方につけて進撃し、大友皇子を自害に追いこんだ（壬申《じんしん》の乱）。翌六七三年、大海人皇子は飛鳥浄御原宮《あすかきよみはらのみや》において即位し（天武天皇）、鸕野讚良は皇后に立てられた。天武天皇は、律令の制定・冠位制度の整備等を推進し、その治世は律令体制の骨格を定める意義を持ったと評価される。鸕野讚良は一貫して天皇を支え、政務にも関与した。

天武天皇は六八六年九月九日に病死、その後まもなく政治にも参画していた息子の大津《おおつ》皇子が謀反の意ありとして捕らえられ、自害に追い込まれた。大津皇子は文武に優れた人物として評価が高く、皇太子である草壁《くさかべ》皇子を脅かす存在だった。大津皇子の母の大田《おおた》皇女は鸕野讚良皇后の姉だが、早く亡くなっている。皇后が実子の草壁皇子の地位を固めるために、後ろ盾を欠く大津皇子の排除を企てたのが真相だったと思われる。

ただし、草壁皇子をただちに天皇とすることはむずかしかったらしく、天武天皇の葬礼は二年三ヵ月という長期間にわたって引きのばされ、皇后が称制を行った。称制とは、天皇の崩御後に、天皇不在のまま皇太子や皇后が政治を掌《つかさど》ることで、前出の斉明天皇崩御後の天智天皇（中大兄皇子）と、今回との二例のみが知られる。皇后は草壁皇子の存在感を高めるようつとめたが、六八九年四月に、当の草壁皇子が病死してしまう。その息子の軽皇子は、まだ七歳と幼く、皇太子に立てることはむずかしかった。

このような不安定な状況の中で、皇后は自ら即位することを決意し、持統天皇が誕生した。持統天皇は飛鳥浄御原令の制定・藤原京の造営等を行い、天皇の権威の向上につとめた。彼女は六九七年に譲位し、一五歳になった軽皇子に皇位を譲って文武《もんむ》天皇とした。存命中の譲位は、皇極天皇に続く史上二番目であり、持統天皇に対して、はじめて太上天皇の号が用いられた。鎌倉時代に成立した慈円《じえん》（一一五五～一二二五）による歴史書『愚管《ぐかん》抄《しょう》』が、「太上天皇ノハジマリハ、コノ持統ノ女帝ノ御時ナリ」と記すごとく、彼女こそが太上天皇の初例である。

践祚・即位・太上天皇

位を退いた天皇に対する「太上天皇」という称号は、養老令《ようろうりょう》のうちの儀制令《ぎせいりょう》に「譲位の帝《みかど》の称する」号として規定されている。史料上の初見は『続日本紀《しょくにほんぎ》』大宝元（七〇一）年六月庚午（二九日）条の「太上天皇（持統）吉野離宮に幸す」である。「太上」は「無上」「至上」を意味し、この尊号の淵源は、中国の「太上皇」「太上皇帝」と考えられる。

なお前近代においては、天皇が位を辞することを「譲位」と称し、「退位」とは呼んでいない。近代以降は皇室典範によって皇位の継承順が定められているが、前近代の代替わりは、現天皇が新帝を選定・指名して、地位と権威を譲り渡すので「譲位」なのだ。新帝の側からは、天皇位の譲りを受けることを受禅《じゅぜん》という（「禅」は「ゆずる」の意）。さらに受禅して位に即くのが「践祚」（「践」はふむ意で位に即くこと、「祚」は天皇の位のこと）で、その後にしかるべき準備を整えて即位の儀礼を行う。ついでながら、○○天皇という天皇名は、諡号《しごう》・追号《ついごう》という死後に贈られる称号で、生前には用いられることがない。日常的には、主上・今上《きんじょう》・当今、あるいは居所になぞらえて内裏・内・禁裏などと呼ぶが、最も多いのは、とくに主語を示さず、「あらせられる」「させたまう」などの最上級の敬語を使うことによって、その行動の主体が天皇であることをあらわす方法である。だが歴史を叙述するうえでは天皇名を明示しないと混乱してしまうので、便宜的に、践祚以降は○○天皇と記すのが通例となっている。本書もその方式に従うので、ご了解いただきたい。

さて、践祚は神器の引継ぎが主であり、即位の礼は皇位の継承を天下にあきらかにするための儀式である。上古には践祚と即位は一体のものだったが、桓武《かんむ》天皇が天応元（七八一）年四月三日に践祚、四月一五日に大極殿《だいごくでん》において即位詔《そくいのみことのり》を発したところから、践祚と即位とが別々に実施されることが定例化した。儀礼の内容は、践祚では、譲位の理由や継承者を記した譲位の宣命を布告し、神器を新帝に引き渡す剣璽《けんじ》渡御《とぎょ》の儀を行う。即位の礼は、伊勢《いせ》神宮および山陵《さんりょう》（前代の天皇の墓）に勅使を派遣して即位の由を奉告（由奉幣《よしのほうべい》）したうえで、大極殿の前庭に参列した文武百官に対して即位を宣言するのである。

総じて践祚は簡素化し、即位の方は一代一度の盛儀として整備が進んで、さまざまな準備や煩雑な手続きが必要なものとなっていった。ただし中世以降は、会場となる大内裏の維持・経費の調達等が困難になったので、現実的な変更や縮小が行われた。戦国時代には、財政の逼迫《ひっぱく》のために践祚後二〇年以上も即位の礼が実施できないなどの事態も生じた。天皇の権威がどん底まで堕《お》ちたことがうかがわれるが、それはずっと先のことなので、話をもとにもどすことにしよう。

女帝の時代

文武天皇の治世には、大宝律令が完成し（大宝元〈七〇一〉年）、朝廷の体制が確立に向かった。しかし彼は慶雲四（七〇七）年、二五歳の若さで崩御してしまった。遺された首皇子《おびと》がまだ七歳と幼かったため、文武の母の阿閇《あべ》皇女が即位して元明《げんめい》天皇となった。彼女の治世は、藤原京から平城京《へいじょうきょう》への遷都、『古事記』の完成、和銅開珎《わどうかいちん》の鋳造など、画期的な政策が多い。彼女は霊亀元（七一五）年に、娘の氷高《ひだか》皇女に位を譲った（元正《げんしょう》天皇）。元明は当時五五歳で、九年間の政務に疲労したという内容の譲位の詔を発している。

次の天皇に立った氷高皇女は、草壁皇子と元明天皇のあいだに生まれた娘で、亡くなった文武天皇の姉にあたる。それまでの女帝が皇后や皇太子妃だったのに対し、彼女には結婚歴がなく、はじめての独身の女帝である。また母から娘へと皇位が譲られ、女帝が二代続いた唯一の例となっている。

文武天皇の子は首皇子だけで、その母は藤原不比等《ふひと》の娘宮子《きゅうし》である。皇族でない母を持つ皇子が天皇の後継者となるのは、壬申の乱で横死した大友皇子という不吉な先例しかない（大友皇子の母は伊賀采女宅子娘《いがのうねめやかこのいらつめ》）。元明の譲位時に首皇子は一五歳である。母の身分の問題と年齢の若さから、天皇として政務をとらせるには時期尚早と判断したと考えられる。元明天皇は、首皇子即位のための中継ぎ、元正天皇は中継ぎの中継ぎということになる。

男性天皇の譲位

そして神亀元（七二四）年にいたり、元正天皇が譲位して二四歳の首皇子が践祚、聖武天皇が誕生した。皇后の地位はしばらく空位になっていたが、神亀六年に藤原不比等の娘である光明子《こうみょうし》が皇后に立てられた。臣下の娘が立后されたのは、神話時代を除けばはじめての例である。それまでは皇后は、天皇家の血統の女性でなければならないとされていた。皇子が幼いなどの理由で、天皇の後継選定が滞る場合には、皇后が「仲天皇《なかつすめらみこと》」（中継ぎの天皇）をつとめる必要があるからだ。だが藤原氏の隆盛によってこの原則は後退し、光明皇后以後は同氏出身の皇后が多く見られるようになる。

聖武天皇と光明皇后との間に生まれた男子は早世、県犬養広刀自《あがたのいぬかいのひろとじ》とのあいだに儲《もう》けた安積《あさか》親王も一〇代で急死し、聖武天皇はついに後継となる男子を得ることができなかった。そのため光明皇后が産んだ阿倍内親王を皇太子とし（史上唯一の女性皇太子）、天平勝宝元（七四九）年に譲位して、孝謙《こうけん》天皇とした。聖武天皇の譲位は、男性天皇の譲位の初例である。

とりあえず孝謙天皇を即位させたものの、女性天皇が即位後に結婚した例はなく、事実、孝謙天皇は独身のままで、子を生《な》すことがなかった。当然のことながら後継者問題は解決されず、政局の混乱を生んだ。くりかえし女帝の中継ぎを立てながら守ってきた、天武天皇―草壁皇子から続く直系継承が、とうとう維持できなくなったのである。孝謙が譲位して、天武天皇の子、舎人《とねり》親王の七男の淳仁《じゅんにん》天皇を立てたが、藤原仲麻呂《なかまろ》の乱によって廃位、孝謙が重祚して称徳《しょうとく》天皇となった。その後は天皇に寵愛された怪僧道鏡《どうきょう》が皇位を狙うなど、一向に安定しない状況が続いた。

神護景雲四（七七〇）年、称徳天皇が崩御すると、群臣が衆議して天智天皇の孫の白壁《しらかべ》王を即位させることにした。左大臣であった藤原永手《ながて》・内大臣藤原良継《よしつぐ》ら藤原氏の有力者が、同王を後援した結果だった。これが光仁《こうにん》天皇だが、当時すでに六二歳。朝廷内で無難に働いて官位を上げ、大納言の地位に昇っていた。妻は聖武天皇の皇女である井上《いのえ》内親王（母は県犬養広刀自）である。彼女が皇后に立てられ、その子の他戸《おさべ》親王が立太子した。

天武系と天智系

七～八世紀の天皇位の継承は、壬申の乱を勝ち抜いた天武天皇の血統で嫡流直系相続を貫くことを目指し、条件が整わない部分を女帝や譲位等の変則的な方法で乗り切ろうとしたものである。後継者の選定がますますむずかしくなっていくなかで、直系以外の多数の皇子や諸王らは、皇位を脅かすものとして次々と粛清されていった。白壁王も、天皇位を狙っていると疑われることを恐れて、酒に溺れる暗愚な人物を装っていたという。

もともと天武天皇系の皇統は、持統・元明という天智天皇の皇女たちを妻に迎えることによって維持されていた。つまり男系では天武、女系は天智につながっていた。そして天武系の後継者が絶えた時に光仁（白壁王）が選任されたのは、天武系の井上内親王（称徳天皇の異母姉）を后としていたからだ。女系を通じてでも、天武系に連なっていることは、優位と認められたのである。

努力（？）のかいあって白壁王は称徳天皇の崩御まで生き延び、皇位に推戴された。だが次に待っていたのは、皇后となった井上内親王と皇太子の他戸親王母子の排斥だった。宝亀三（七七二）年、天皇を呪詛《じゅそ》したとして井上内親王・他戸親王は、皇后・皇太子の地位を奪われた。さらに翌年、天皇の同母姉の難波《なにわ》内親王が亡くなった際に、彼らが呪い殺したのだという嫌疑がかけられた。母子は皇族としての身分を剥奪され、幽閉された。彼らは宝亀六年四月二七日に亡くなったが、二人が同日に死亡しているのは不自然であり、暗殺された可能性が大きい。

　他戸親王が廃された後には、光仁天皇が百済からの渡来系氏族和氏《やまとうじ》出身の高野新笠《たかののにいがさ》とのあいだに儲けた山部《やまべ》親王が立てられた。藤原式家《しきけ》の祖である藤原百川《ももかわ》が、山部親王を強力にあとおしし、天武系の権威を帯びる井上内親王母子を廃除して、桓武天皇として即位させるところまでもちこんだのだ。さらに桓武の皇后には藤原良継の娘乙牟《おとむ》漏《ろ》が立ち、のちの平城《へいぜい》天皇・嵯峨《さが》天皇を産み、百川の娘旅子《りょし》も後宮に入って淳和《じゅんな》天皇を産んだ。以後、天智系の皇統に藤原氏の娘を配するという組み合わせが定型化する。

　天皇家の内部で婚姻を重ねる方式をとる場合には、天智・天武のように複数の系統のあいだで男系・女系が交錯することがおこってくる。同時に、そのような交錯がなければ血縁的に近すぎる者どうしでの婚姻が続き、不都合な事態が生じかねない。ところが桓武天皇以後、非皇族出身の皇后が常態となると、天皇家においては男系のみが注目されることとなり、内親王のありかたにも変化が訪れる。持統天皇以来あいついだ女性天皇も、称徳天皇でいったん終止符が打たれ、その後にあらわれる女帝は、江戸時代の明正《めいしょう》天皇（在位一六二九～一六四三）・後桜町《ごさくらまち》天皇（在位一七六二～一七七〇）の二例のみである。

天皇家と貴族勢力との拮抗

複雑な政治過程を駆け足でみてきたために、わかりにくいところがあったと思う。私の説明がいたらないのはお詫びしなければならないが、私ばかりが悪いわけではなく、七～八世紀の天皇家の系譜が非常に入り組んでいるのが最大の理由である。前述したとおり、皇后も天皇家の血筋、皇太子の母も天皇家の出身が原則ということになれば、血統的に近い男女のあいだで、複雑な婚姻関係が結ばれることになる。

天武と持統は叔父と姪の結婚であり、その子の草壁は、父方からは従姉妹、母方からは叔母にあたる元明と結婚して文武を儲けた。元明にとって持統は、父方で異母姉、母方で従姉妹、結婚後は姑である。このような関係の中で、草壁・文武の二代が短命だったことから女帝が誕生し、その女帝が譲位する事態が生まれたのである。さらに聖武天皇の代では、後継者となる男子を得ることができず、女帝の重祚という例外的な対応となった。

壬申の乱を勝ち抜いて即位した天武天皇は、豪族勢力との関係において、カリスマ性を帯びた強い権力を手にした。天皇権力の確立、天皇を頂点とする国家体制の整備に向けて企図されたのが、『日本書紀』編纂を通じての歴史の創成、律令制導入による統治組織の充実である。位階と官職という二つの要素から成る官僚制度のなかで、親王や王などの天皇家男性メンバーは、多くの役職を帯びて天皇権力を守る役割を担った。一方で、女性メンバーは天皇の妃となって後継者を産み、時には中継ぎの女帝をつとめて、天皇権力の再生産をはかったのである。

天皇権力が高まったとはいっても、その優位性が自明といえない段階では、天皇家は群臣の勢力に対抗しなければならなかった。そのためには天皇家構成員の絶対数を減らさないことが肝要である。だが一方で、多くの男性メンバーを抱えることは、多くの天皇候補者を擁することを意味し、皇位をめぐる対立や謀略がひきおこされた。初期の太上天皇は、皇位継承に問題が生じた際の方便として生まれる立場であり、だからこそ女帝という変則的な存在と一体となっていたのである。

また女帝を「中継ぎ」というのは、彼女たちに政治的実権がなかったという意味ではない。彼女たちは、不安定な政治状況を乗り切るために尽力し、時として政治を攪乱《かくらん》した。「中継ぎ」とは、あくまで血統上の意味である。つまり、彼女たちは天皇の未亡人もしくは娘だが、天皇位に即いた後にあらたに配偶者を得た例はない。つまり女性天皇を源として、次世代の天皇の血統が発生することはなかった。女性天皇は血統の主体とはなり得なかったという意味で「中継ぎ」だったのである。

また「はじめに」で「天子の位は一日も曠《むな》しくすべからず」という原則について触れたが、七〜八世紀においては、あえて皇太子のまま政務をとったり、次期天皇の決定が先延ばしにされるなど、天皇の空位期間があるのは珍しいことではなかった。空位による政務の停滞よりも、軽々に新帝を立てることで政治的な抗争が引き起こされる危険のほうが大きいと考えたようである。

このような状況の中で、藤原不比等の娘（母は賀茂比売《かものひめ》）を母とする聖武天皇の即位、同じく不比等の娘（母は 橘 美千代《たちばなのみちよ》）の光明子の立后などによって、天皇家の血統の閉鎖性が次第に破られていく。それは貴族社会における藤原氏勢力の伸長と、天皇家と貴族勢力との関係の変化を意味していた。

『愚管抄』の歴史観

前に持統天皇を女帝の始まりとする、慈円の『愚管抄』の見解を紹介した。慈円は、関白藤原忠通《ただみち》の息子として久寿二（一一五五）年に生まれた。貴族社会の頂点に立つ摂関家《せっかんけ》の一員で、七一年の生涯は、保元《ほうげん》・平治《へいじ》の乱や治承《じしょう》・寿永《じゅえい》の内乱、承 久《じょうきゅう》の乱等の内戦、平家の栄華や鎌倉幕府の成立という激動と転換の時代に重なっていた。武士の進出を眺めつつ、貴族社会や天皇家の後退を、身を切られるような思いで受け止める日々であったろう。

慈円は一一歳で青蓮院門跡《しようれんいんもんぜき》に入室して以来、仏道に精励し、天台座主《てんだいざす》を四度務めるなど、宗教界で重要な位置を占めた。さらに多数の著述や和歌等の文化的な成果をのこした。なかでも神武天皇以来の歴史を記した『愚管抄』は、中世に生きた知識人の歴史認識を知らせてくれると同時に、今日の私たちからみても示唆に富む内容である。院政を語るうえでも、道標として参照すべき書物である。

『愚管抄』は、桓武天皇が平安京に遷都したところまでを述べた後に、次のように記す。

この桓武天皇の後、平安京に都が移ってからは、女帝も出現せず、（皇太子が早世して）孫が即位するということもなくなり、父から息子へ、兄から弟へと、皇位が円滑に継承されるようになった。また天皇の母は、みな大織冠《たいしよくかん》（藤原鎌足）の子孫の大臣らの娘である。国政は安定し、民衆も手厚く遇されるすばらしい時代が、今日まで続いている。

「大織冠」とは、大化三（六四七）年に制定された七色十三階冠の制のなかの最も高い位である。藤原氏の始祖である藤原鎌足のみが授かった冠位なので、鎌足のことを「大織冠」と呼ぶようになった。

慈円によれば、桓武天皇の代以降、安定した皇位継承が行われるようになった。もちろん彼は、藤原鎌足に発する藤原摂関家の一員だから、同家が天皇を支え、朝政を運営するという、彼にとっての「現代」の状況を正当化したいという意識も働いていただろう。だが確かに、藤原氏の威勢が高まり、同氏の娘が天皇の妃となって男子を産むことが常態化するにつれて、天皇の選定は、多数の皇子どうしの競合から藤原氏内部での調整へと移行したのである。

仏法と王法

さて「ヒシト国オサマリ、民アツクテメデタカリケリ（国政は安定し、民衆も手厚く遇されてすばらしい）」という治世が実現した理由として、慈円は桓武天皇の延暦年中（七八二〜八〇六）に、最澄《さいちょう》・空海《くうかい》が唐に渡り、天台宗・真言《しんごん》宗という仏教のすぐれた教えを日本に伝えたことをあげている。宮中で正月に行われる鎮護国家の修法である後七日法《ごしちにちほう》や、災害の消除を祈る熾盛光法《しじょうこうほう》、北斗七星を祀る尊星王法《そんしょうおうほう》等が導入されたおかげで、天皇が仏の守護を受け、国家が安泰になったと記す。

これももちろん、慈円自身が仏教界を率いる立場であることから、仏教の効験を強調したものであろう。だが、朝廷儀礼の一部となり、政治や内廷と密接に連携して祈禱を行う仏教の興盛は、政権と宗教との関係を変える意味を持った。慈円の理解では、「王法仏法ハタガヒニマモリテ（王法と仏法は互いに守りあって）」「カクメデタキ国」が実現された。そして、後に院政を主宰する「王」は、仏教との関係をおおいに利用することになった。

桓武天皇以降の王法・仏法の協調による安定を論じながら、慈円は自身の生きる「今」にも言及している。社会の勢威が衰え、「今ハ王法仏法ナキガゴトクナリユク」というのである。藤原氏の女性が天皇を再生産し、その女性の父をはじめとする男性親族が政治を掌握する体制――摂関政治と呼ばれる政治方式だが――で、なんとか国を守ってきたが、それもむずかしくなった。

末世の時代に「王位ノ正法（しかるべき王位のありかた）」が退潮し、天皇自身の働きだけでは政務のすべてをとりしきることができなくなった時、位を退いた太上天皇が、自分の子を天皇にして、形式にこだわらず、はばかることなく政治を動かそうとする方式があらわれた。これを始めたのが後三条《ごさんじょう》天皇だと述べる。

ここで慈円の思考は、桓武天皇（在位七八一～八〇六）から、一挙に後三条天皇（在位一〇六八～一〇七二）まで飛んでいる。後三条天皇の代に新しい政治方式が生まれ、それこそが太上天皇が政治をとる「院政」だという認識である。しかも「院政」は慈円の生きる「今」においては、もはや常態となっていた。そこで私たちも後三条天皇の時代へと歩を進めよう。院政について考えることは、すなわち、権力者の家族の形や権力の再生産の方式を考えることである。院政開始時の状況を検討する際に、それに先立つ摂関政治の構造にも触れることになるだろう。

第二章　摂関政治と後三条天皇

後三条天皇の登場

後三条天皇は中世の開幕を告げる役割を担う。中世といえば、鎌倉幕府＝武家政権の成立という要素が最も特徴的と感じられるかもしれないが、武士が表舞台に登場するための準備は、後三条天皇の段階で始められた。政治的には「院政」の開始であり、生産関係においては荘園公領制の成立が、中世の指標である。

まず、彼の登場の経緯と背景から述べていこう。治暦四（一〇六八）年、後冷泉《ごれいぜい》天皇が崩御した。四四歳という壮年での死だったが、後冷泉には子がなかったために、弟の尊仁《たかひと》親王が践祚して後三条天皇となったのである。この時尊仁親王は三五歳。当時としては高齢での践祚といえる。

後三条は、約一七〇年ぶりにあらわれた藤原摂関家の娘を母としない天皇だった。彼の父は後朱雀《ごすざく》天皇、母は三条天皇の皇女禎子《ていし》内親王である。分別ある年齢での践祚は、摂関政治からの脱却、政治方式の刷新を期待されたと思われる。摂関家にとっては苦々しい事態だったろうが、後冷泉に男子が生まれなかった以上、選択の余地はなかった。

後冷泉・後三条両天皇の父である後朱雀天皇の母は、摂関政治の栄華をきわめた藤原道《みち》長《なが》の長女彰子《しょうし》である。彰子に仕えたのが紫式部《むらさきしきぶ》で、彼女の著した『源氏物語』は、当時の宮廷社会の繁栄を活写して、後世にも大きな影響を与えた。彰子と一条天皇《いちじょう》のあいだに生まれたのが、後一条天皇と後朱雀天皇。藤原道長は、後一条に三女の威子《いし》を、後朱雀に六女の嬉子《きし》を配した。嬉子が産んだのが後冷泉天皇である。道長の娘たちは多くの皇子を産み、彼らが次々に天皇の位に即いた。しかし道長の長子頼通《よりみち》は、娘の寛子《かんし》を後冷泉の皇后としたものの、ついに後継者を得ることができなかったのである。

歴史物語の時代

前章で、桓武天皇のころから、皇后や天皇の母の座が内親王に限定されず、藤原氏出身の女性に代わられるようになったことを見た。以来、藤原氏は一族の女性を入内《じゅだい》させて次期天皇を産ませ、その外戚として政権を掌握しようとした。なかでも藤原北家《ほっけ》と呼ばれる良房《よしふさ》の一流が、藤原氏の他流や他氏を失脚させて、有利な地位を確保した。良房の孫にあたる忠平《ただひら》は、延長八（九三〇）年、重病に陥った醍醐《だいご》天皇が八歳の朱雀《すざく》天皇に譲位した際、譲位の詔によって「幼主を保輔して政事を摂行すべし」との命を受け、摂政《せっしょう》として国政を代行することになった（『日本紀略《にほんきりゃく》』　醍醐天皇は譲位七日後に崩御した）。さらに承平七（九三七）年に朱雀天皇が元服すると、忠平は関白《かんぱく》に任じられて天皇を補佐した。天皇の幼少時に摂政を置き、成人後は関白とする体制は、忠平の時代に定まったのである。朱雀天皇の母穏子《おんし》は忠平の妹であり、彼は天皇の伯父にあたる（系図2参照）。

その後は藤原北家内部での競合が権力掌握の焦点となり、忠平の孫の兼通《かねみち》・兼家《かねいえ》兄弟が熾烈な争いを展開した。『大鏡《おおかがみ》』は、円融《えんゆう》天皇の関白となっていた兼通が、貞元二（九七七）年に重態に陥った際の状況を以下のように述べて、彼らの確執のすさまじさを伝えている。

死期が迫っていることを感じつつ兼通が臥《ふ》せっていると、外が騒がしくなり、兼家の行列がこちらに向かってくるとの報があった。兼通は「これまで仲の悪い兄弟であったが、私がもう長くないと聞いて、見舞いにきてくれたのか」と感激し、周囲を片付けさせたりして弟を迎える準備をした。ところが行列は、そのまま通り過ぎて内裏に向かった。激怒した兼通は「かきおこせ」（起き上がらせろ）と命じて、周囲の者にすがりつつ参内し、「最後の除目《じもく》を行うために参りました」（除目は官職を任命する儀式）と申し上げた。関白を左大臣の藤原頼忠《よりただ》に譲り、兼家からは右近衛大将《うこのえのだいしょう》の地位を剝奪した。兼家は、兼通がすでに亡くなったと聞いて、次の関白に任命してくれるよう天皇に頼みに行ったのだが、そこに弟憎しの一念だけで、兼通が身体をひきずってやってきたのである。「帝も大将も、いとあさましく思《おぼ》し召す」と、天皇も兼家も驚きあきれるばかりだったという。

『大鏡』は文徳《もんとく》天皇から後一条天皇まで、すなわち九世紀後半から一一世紀はじめまでの宮廷を舞台にする歴史物語で、藤原北家による摂関政治体制の確立が構成の軸となる。そのなかでも上記の兄弟の確執や、兼家が外孫の懐仁《やすひと》親王（一条天皇）を即位させるために策略をめぐらした「花山《かざん》天皇のご出家」などが有名だろう。この時代を叙述したものとしては、ほかに『栄花《えいが》物語』があって、こちらは女性の作者による、いわば女性目線の歴史物語とされている。いずれも登場人物の内面や詳細な人間関係にまでおよぶ興味深い内容だが、歴史的事実に厳密にそっているわけではなく、「物語」を豊かにするための虚構も多い。

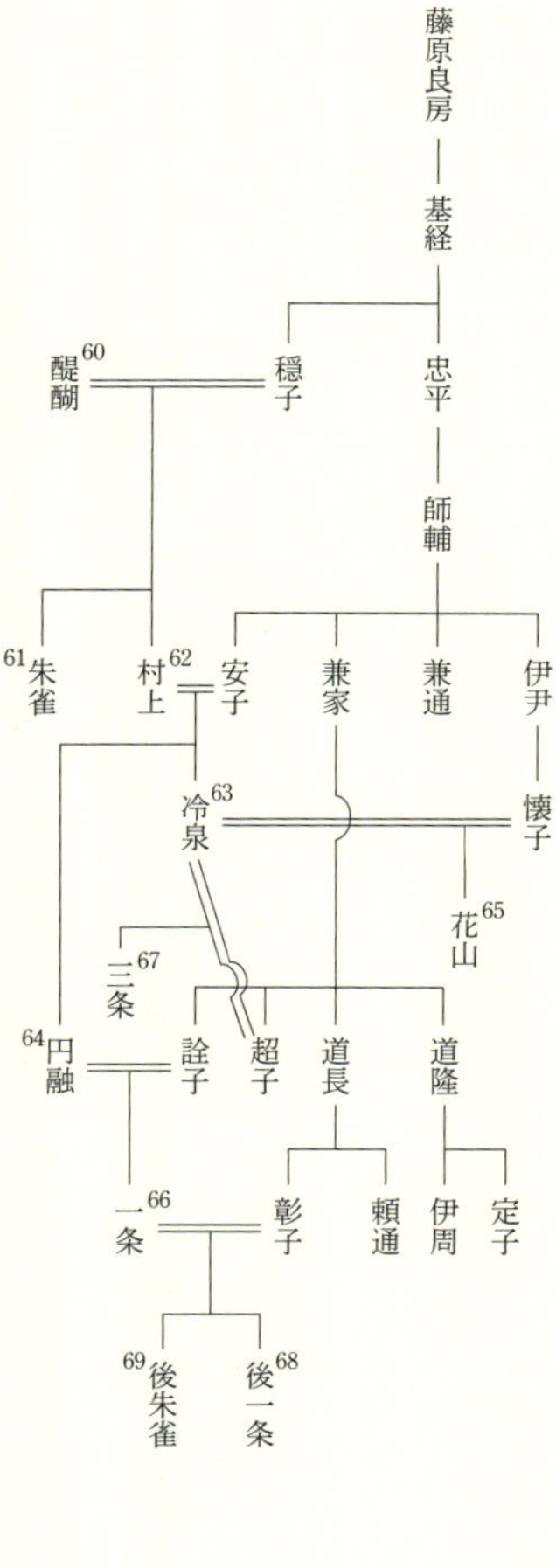

系図２

これらの「物語」が、事実のある部分を反映していることはまちがいないし、公的な記録等にあらわれにくい要素をすくいとっていることも確かである。だが「物語」にひきずられてしまうと、歴史が貴族社会の人間関係や謀略のみによって動いているように見えてしまう恐れがある。政治や社会の動きの全体を視野に入れておかねばならないことを確認したうえで、天皇をめぐる結婚戦略、あるいは家族政策について考えていくことにしよう。

藤原道長の覇権

藤原道長は兼家の五男に生まれた。永祚二（九九〇）年、病のために一条天皇の摂政を辞した兼家の跡を襲ったのは、長男の道隆《みちたか》だった。道隆は娘の定子《ていし》を中宮とし、息子伊周《これちか》の官位を引き上げて得意の絶頂にあった。定子に仕えたのが清少納言《せいしょうなごん》で、彼女の著した『枕草子《まくらのそうし》』には中関白家《なかのかんぱくけ》と呼ばれた道隆一族の盛んな様子が描かれたのである。

だが道隆は長徳元（九九五）年に四三歳で亡くなる。この年は疫病が大流行した年でもあって、兼家三男の道兼《みちかね》もその犠牲となった。道隆のあとに関白に就任した直後の死で、「七日《なぬか》関白」の名を残した。疫病で多くの貴族が亡くなった後に、関白の座を狙える者として残ったのは、道長と伊周の二人だった。伊周は二二歳で内大臣、道長は三〇歳の権大納言《ごんだいなごん》である。道長は甥の伊周に官位のうえで先行されていた。一条天皇は二人のうちどちらを選ぶか迷ったようだが、母の東三条院詮子《ひがしさんじょういんせんし》の説得によって道長を内覧《ないらん》（天皇への奏上・宣下《せんげ》に先立って文書に目を通す役。摂政・関白に準じる地位）に定め、右大臣に昇任させた。

詮子は、道隆・道長らとは同母の姉妹にあたり、円融天皇の皇后となって一条天皇を産んだ。正暦二（九九一）年の円融天皇の死後に出家したが、その際に東三条院という女院号を宣下された。これが女院の制のはじめである。女院とは、三后《さんこう》（太皇太后・皇太后・皇后）や内親王等の天皇家女性構成員のうち、重要な者を選んで、太上天皇に准ずる待遇を与える制度である。女院らは、今後、政治・経済上に重要な役割を果たす。東三条院は「国母《こくも》」として政治に関与し、親しい関係にあった末弟の道長を支援した。

権力への道を閉ざされた伊周は、その後道長や東三条院を呪詛したとの疑いをかけられ、花山法皇と闘乱事件をおこすなどの失態を演じ、大宰権帥《だざいのごんのそち》に左遷・配流された。伊周の失脚に伴って中宮定子も苦境に追い込まれた。一条天皇の寵愛は続いていたが、さまざまな屈辱を忍ばねばならず、第三子の出産の際に亡くなった。

道長から頼通へ

伊周の失脚によって道長の優越は決定的となった。長保元（九九九）年、彼は娘の彰子の裳着《もぎ》の儀（女子の成年儀礼）を盛大に行い、一条天皇に入内させた。彰子は寛弘五（一〇〇八）年に敦成《あつひら》親王、翌年に敦良《あつなが》親王を産んだ。この二人の親王が、後に後一条天皇・後朱雀天皇となり、道長の栄華を完成させることになる。だが、その前に一条天皇の東宮に立っていたのは、冷泉天皇皇子の居貞《おきさだ》親王だった。一条天皇の従兄弟にあたり、年齢も四歳上である。母は兼家の娘で道長の同母姉の超子《ちょうし》だが、早世してしまっている。居貞親王は兼家に愛されていたために、年齢的に不自然であるにもかかわらず皇太子に立てられたという。だが、もはや彼の後ろ盾になる者はなく、彰子所出の男子二人を確保した道長にとっては邪魔者でしかなかった。

寛弘八（一〇一一）年、一条天皇が病のために三二歳で崩御すると、居貞親王が践祚して三条天皇となった。道長は次女の妍子《けんし》を入内させて中宮に立てたが、天皇が東宮時代からの女御である娍子《せいし》を皇后として二后体制としたことなどもあって、両者の関係は良好とはいえなかった。結局三条天皇は眼病を患い、政務をとることができなくなったために、長和五（一〇一六）年に譲位に追い込まれた。代わって九歳の敦成親王が後一条天皇となり、道長は幼主のもとではじめて摂政となったのである。

三条天皇は譲位にあたって、娍子とのあいだに生まれた敦明《あつあきら》親王を、後一条の皇太子とするよう道長に要請した。だが三条上皇が譲位後一年余で崩御したため、敦明親王を庇護する者はいなくなった。窮した敦明は、ついに寛仁元（一〇一七）年八月、道長を召して皇太子辞退を申し出た。道長はただちに敦良親王の立太子儀を挙行した。兄弟の関係にある天皇と皇太子、いずれもが道長の外孫となったのである。道長は皇太子の座をあけわたしてくれた敦明親王を、手厚く遇した。太上天皇に准じる扱いとして「小一条院」という尊号を贈り、娘の寛子を妃に与えた。

道長の娘たち

道長は後一条天皇のもとで摂政となったが、ほぼ一年たった長和六年三月に、その地位を退き、内大臣であった長男の頼通を摂政の座に就けた。道長は公職を離れ、以後は「大殿」と呼ばれて隠然たる力をふるう。もはや摂関や大臣の地位も不要なほどの権力を摑《つか》んだとの確信があったからだろうか。一族内の統制についても、十分な自信を持っていたと思われる。

「大殿」道長によって、公式の役職と権力の所在とが分離する先例が開かれた。第一線を退いた者が権力を握ることは、のちの院政に通ずると考えることができるが、近世以降にもしばしば見受けられ、前近代の日本においては珍しくない方式となった。徳川家康《とくがわいえやす》は将軍職を息子の秀忠《ひでただ》に譲り、静岡に移った後も「大御所《おおごしょ》政治」を行った。今日でも、引退したはずの政治家や経営者が、正式の役職にある後継者に力を及ぼすことを「院政」と呼ぶ場合がある。

寛仁二（一〇一八）年正月、一一歳の後一条天皇は元服の儀を行い、道長は三女の威子《いし》を入内させて中宮とした。威子は後一条の母である彰子の同母妹だから、彼の叔母にあたる。年齢も八歳年長で、いささか無理のある婚姻と思える。だが、外孫を得るためには必須の措置であり、道長はさらに、皇太子となった敦良親王にも末娘の嬉子《きし》を配した。

このように、道長は天皇や皇太子のもとに次々と娘を送り込んだ。後一条天皇は、威子以外の妃を持たなかったが、威子は女子二人を産んだのみだった。男子に恵まれないいま、後一条天皇は長元九（一〇三六）年に二九歳で崩御。その後には、もちろん弟の敦良が践祚して後朱雀天皇となった。後朱雀は嬉子とのあいだに親仁《ちかひと》親王を儲けていたが、嬉子は出産によって亡くなり、わが子の成長も、夫が天皇となった姿も見ることができなかった。

後朱雀天皇に、寛徳二（一〇四五）年て崩御、親仁親王が後冷泉天皇となった。頼通はひとり娘の寛子《かんし》を送り込んで後冷泉の皇后とした。頼通は切に皇子誕生を願っていただろうが、後冷泉にはついに子ができなかった。そこで治暦四（一〇六八）年、後冷泉が崩御したとき、三条天皇の皇女禎子《ていし》を母とする、弟の後三条天皇が後継に立つなりゆきとなったのである。

道長は子女に恵まれていた。正妻の倫子《りんし》（左大臣源《みなもとの》雅信《まさざね》の娘）とのあいだに六人の子があり、女子四人はすべて天皇の妃となった。二人の男子、頼通・教通《のりみち》はいずれも摂関の地位に就いている。いま一人の妻である明子《めいし》（左大臣源高明《たかあきら》の娘）にも六人の子があるが、こちらは妻としての格が劣るようで、子どもたちの処遇にも差がみられる。たとえば寛子は、道長に邪魔にされて皇太子を辞退した敦明親王（小一条院）の妃にされている。身を引いてくれた敦明親王を宥《なだ》めるためでもあり、他家の娘を排除・牽制する効果も見込まれるし、運よく男子が生まれれば貴重な外孫である。

天皇家の男子メンバーのもとに、可能な限り娘を送り込み、男子の出生を願うのが、道長の政治戦略の基本である。いわば捨て駒である敦明親王のような人物も含めて、天皇家男子の妻の地位を独占し、彼らを援助すると同時に管理する周到な体制を敷いたといえるだろう。

頼通の事情

一方で、嫡子の頼通をはじめとして、道長の息子たちは子女に恵まれなかった。頼通は寛仁三（一〇一九）年以来、五〇年近くも摂関の地位にとどまって長期政権を実現したが、次世代への継承という点では安泰とはいえなかった。彼は村上《むらかみ》天皇の第七皇子具平《ともひら》親王の娘である隆姫《たかひめ》女王を妻に迎えていたが、この妻には子ができなかった。もう一人の妻である祇子《ぎし》は多くの子を産んだが、隆姫の意向（『愚管抄』は「イタクネタマセ給テ」と述べる）をはばかって三人は他家に養子に出し、一人は出家させた。一方で、敦康《あつやす》親王（一条天皇と藤原定子の子）と隆姫の妹との間にできた娘の嫄子《げんし》を養女にとって、後朱雀天皇の中宮にしたが、嫄子は皇女二人を産んで亡くなってしまった。

隆姫と頼通が結婚する際に、父の道長は「男は妻がらなり。いとやむごとなきあたりに参るべきなめり」（男の価値は妻次第で決まるものだ。たいへん高貴な家に婿取られていくのがよいようだ『栄花物語』）と、たいそう喜んだと伝えられる。娘を天皇家に嫁がせるだけでなく、息子にも天皇家の血筋の妻を迎えることで、血統の底上げがはかられてめでたいということだろう。隆姫と頼通とは仲睦まじい夫婦だったというが、子を産めない隆姫との関係を重んじることは、頼通や摂関家に大きな影響を与えた（系図3参照。＝は養子）。

頼通は祇子のもとでせっかく生まれた四人の男子を家から出す一方で、隆姫の同母弟を養子とした。この男子は、寛仁四（一〇二〇）年に元服し、臣籍降下して源師房《もろふさ》と名のることになった。師房は頼通の異母妹の尊子《そんし》（源明子《めいし》の産んだ子）を妻にし、後に彼らの娘たちは頼通の息子である通房《みちふさ》・師実《もろざね》の妻となるなど、道長・頼通父子と強固な縁を結ん

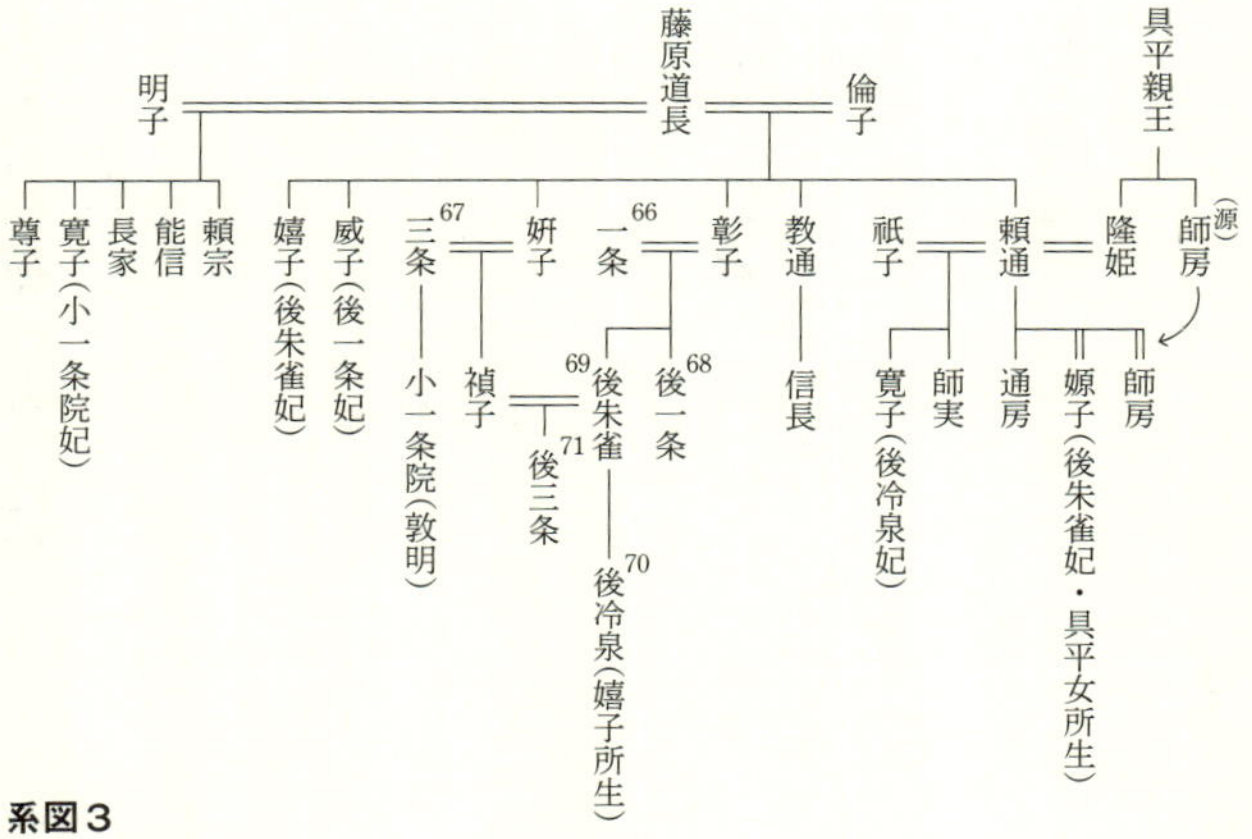

系図３

だ。彼はまた、和漢の才に恵まれたすぐれた人物で、儀礼研究（有職故実《ゆうそくこじつ》と呼ばれる）にも成果をあげている。昇進を重ねて大臣にまで昇り、村上源氏（村上天皇を祖として源姓を賜った一族）が朝政で重んじられる基礎を築いた。

道長・頼通父子の時代に頂点に達した摂関政治は、娘を入内させて外孫を確保するとともに、天皇家に連なる女子を妻に迎える・男子を養子にするなど、天皇家との縁を深めていくことに力の源泉を見出していた。天皇家にとっても、多くの子女の将来を託す先として、傑出した地位を築いた摂関家は最有力の候補であった。

天皇を藤原氏が支える体制が生まれて

以来、天皇家の男子は政治の実務から遠ざかり、皇位継承の可能性のない多くの男子は、源・平等の姓を与えられて臣籍降下した。また女子は、古代においては非皇族との婚姻は認められていなかったが、桓武天皇の時から臣下との結婚も許されるようになった。道長が「男は妻がらなり」と述べて喜んだように、内親王や女王を妻に迎えることは、貴族にとって非常に名誉なことと受けとめられたのである。

だが有力な支援者を持たない臣籍降下した男子は、二・三代のうちに没落し、女子も適当な嫁ぎ先をみつけるのは容易ではなく、皇親たちの前途は多難だった。頼通と隆姫の関係も、摂関家の後継者問題に限っていえば効果的だったとはいえない。隆姫としても、内心に抱えた葛藤が、祇子やその子らに対する「イタクネタマセ給」感情としてあらわれてしまったのだろう。頼通の子孫である慈円は、隆姫に対して批判的で、「頼通殿の正妻は『高倉の北政所』と呼ばれていたが、あきれるほど長生きで、際限なく生きておいでになった」と記している。彼女は寛治元（一〇八七）年一一月に九三歳の長寿を全うした。

頼通の後継者

子ができないことが決定的になると、隆姫の態度も軟化したようである。頼通が源憲定《のりさだ》（為平《ためひら》親王の息子）の娘との間に儲けた男子について、「そのような者がいると聞きました。

その子を呼び寄せたらよいでしょう」と述べたという。頼通は喜んでこの男子を迎え入れ、嫡男とした。長元八（一〇三五）年に元服の儀を行い、通房と名乗らせて朝廷への出仕を遂げ、順調に昇進させたのだが、長久五（一〇四四）年、二〇歳の若さで病死してしまった。そこで運が回ってきたのが、通房死没の二年前に生まれていた祇子の末子の師実である。『愚管抄』は「運者又殊勝ノ器量」（運がよく、能力もすぐれている）と評しており、この師実が頼通の後継者として成長していった。

ただし師実の誕生は、父の頼通が五一歳のときで、遅きに過ぎた感がある。頼通には多くの兄弟がいたが、なかでも同母弟（道長の正妻として重んじられた倫子の子）の教通は、頼通への競争心を隠そうとしなかった。師実が嫡子とされたころには、彼は朝廷において頼通に次ぐ地位を確立していた。道長は、頼通の後は教通を摂関に据え、その後、頼通の子に継承させるようにとの遺志を表明していたという。それに従って頼通は康平七（一〇六四）年、教通に藤原氏の氏長者《うじのちょうじゃ》（藤原氏を統率する地位）を譲り、さらに治暦四（一〇六八）年には関白を辞して、教通が後任となった。頼通七七歳、教通七三歳である。教通が自身の栄達とともに、息子の信長《のぶなが》への地位継承を願ったため、頼通・師実と教通・信長という二組の父子の関係は緊張したものとなり、摂関家権力の安定を脅かした。

しかし、それ以上に摂関家にとって痛手だったのは、入内させた彼らの娘が男子を産まないことであり、そもそも入内させるべき娘が潤沢でないことだった。前に述べたように、頼通は養女嫄子を後朱雀天皇の中宮とし、さらに祇子の産んだ寛子（彼にとっては虎の子の一人娘である）を後冷泉天皇の皇后としたが、どちらも男子を産むことはできなかった。また教通も、長女の生子《せいし》を後朱雀天皇に、三女の歓子《かんし》を後冷泉天皇の後宮に入れている。生子は子を生せず、歓子は男子を産んだが即日没してしまったという。

後三条天皇の誕生

治暦四（一〇六八）年四月一九日、後冷泉天皇は四四歳で崩御した。頼通は、後冷泉が病に倒れ、天皇の交代があきらかとなった三月の時点で関白の地位を辞退し、宇治《うじ》に移った。その跡を教通が襲い、次期天皇の治世に備えたのである。ここでようやく本章のはじめに置いた、後三条天皇の時代がやってくる。前述のとおり、約一七〇年ぶりの摂関家を外戚としない天皇である。ただし一七〇年の長きにわたって藤原氏の女子が天皇家男子に周到に配されてきた結果として、後三条天皇も摂関家とまるで無縁ではなかった。彼の母方の祖母は、道長の娘の妍子なので、これまでと比較して「スコシノキナリケリ」（少し縁が遠い『愚管抄』）という程度である。ただし「藤氏腹」でない天皇の誕生は、やはり画期的であり、摂関家の血縁政策がついに破綻したことを意味する。

後朱雀天皇のもとに入内した頼通や教通の娘たちが男子を儲けられなかったことから、尊仁親王（後三条天皇）とその母の禎子内親王は、摂関家にとって一貫して警戒の対象であり、冷遇されていた。後朱雀が病のために後冷泉天皇に譲位した際、皇太子の人選については沙汰がなかったのだが、頼通の異母弟の能信《よしのぶ》が参内し、「今日、皇太子のことを決めておかなければ、いつ指示するというのでしょう」（『愚管抄』）と進言した。これを受けて、譲位の宣命に尊仁親王を皇太子とするむねが書き加えられたという。

能信は、母が正妻格でなかったため、第一線での活躍を期待されていなかった。彼は父の道長によって禎子内親王の後見役とされ、さらに彼女が産んだ尊仁親王の後見もひきうけていた。尊仁にはほかに支援者もなく、永承元（一〇四六）年の元服にあたっては、娘を妃に差し出そうという者もいなかった。能信自身は子に恵まれなかったため、藤原公成《きんなり》の娘を養女にしていたが（公成は能信の妻祉子《しし》の兄）、この女性を親王の副臥《そいぶし》として配した。披露の儀式がなく正式の婚姻とはみなされない関係で、尊仁親王のグループが貴族社会の中で日陰に置かれていたことを物語っている（『東宮冠礼部類記所引資房卿記』）。

道長が娘たちを、天皇家の男子メンバーに周到に配したと述べたが、娘を送り込むにあたっては、それを支援する人材も手当てしなくてはならない。能信による禎子—尊仁母子の後見は、摂関家の二軍とでもいうべき組み合わせだった。正妻腹でない息子にまで役割を与え、相応の待遇を与える父のやり方に対して、頼通は「息子だからといって、ずっと末の弟にまで褒美などをおやりになるから、このように面倒なことがおこるのですよ」と不満を述べた。道長は言い返すことができず、黙っていたという(『愚管抄』)。頼通にとって、能信は厄介な対抗勢力となったが、摂関家全体として二重三重の安全策をとるつもりなら、能信も貴重な戦力であった。逆に言えば、頼通が順調に外戚となれていたなら、能信が何をしていようが、まるで問題にされなかっただろう。

道長が多くの子女に役割を与えたことは、摂関家の外戚政策を守るための手段だったが、それが破綻した際には混乱や対立を招くという危険を含んでいた。だが、その方法を批判した頼通も、息子の処遇について万全だったとはいいがたい。祇子とのあいだの息子を次々と養子に出してしまい、晩年になってようやく師実のために慌て出したのだから。「藤氏腹」の天皇や皇太子を確保するための戦略に比べて、摂関家は自家の男系継承について、十分な見通しを持ち合わせていなかったようである。

第三章　中世の開始と院政への道

摂関政治から院政へ

今日の日本史学では、後三条天皇の誕生をもって中世の開始と位置づけている。『愚管抄』もまた、後三条の登場をあきらかな画期「大《おお》ナルカハリメ」とみなしている。

慈円によれば「後三条院世ノスエニ、ヒトエニ臣下ノママニテ摂籙臣《せつろくのしん》世ヲトリテ、内ハ幽玄ノサカイニテヲハシマサン事、末代ニ人ノ心ハヲダシカラズ」、すなわち、臣下である「摂籙臣」（摂政・関白）が天皇に代わって政務を担当し、「内」（天皇）は「幽玄の境」にあるという政治運営では、末代の世の人々の心を安定させることができない。そこで後三条天皇は「譲位後に太上天皇という身分で政治に関与しない慣行はよろしくないと思われ、また『道理』に照らしても同様だとお考えになったようだ。詳しくはわからないが、よもや道理の示すところが、天皇のお考えからはずれるということはあるまい」。

中世には、太上天皇が政務をとる「院政」という方式が常態となった。慈円は、その開始者が後三条天皇だと理解している。そして「院政」が、後三条の意志によるだけでなく「道理」に従ったなりゆきでもあると述べているのである。『愚管抄』を貫くテーマは「道理」であり、しかるべき筋道にそった歴史の展開をあきらかにすることこそが慈円の目的であった。

後三条にいたる経緯は、次のようにまとめられている。「昔は、天皇は道理にしたがって政治を行い、摂政も私心なくつとめていた。だが末代になると、幼い天皇が多くあらわれ、四〇歳を越えた例は聞いたことがない。政治運営についてもみるべきところがなく、宇治殿（藤原頼通）にいたっては自分の利益や感情を優先させるところが大きいと、後三条天皇は思われたのだろう」。慈円は同書の第七巻でも、清和から後冷泉にいたる天皇の年齢や在位年数を一覧し、代々の天皇が若死にしていると総括している。いちがいにはいえないものの、摂関期までの天皇で四〇歳を越える寿命を持った者は少なく、また、壮年期に長期に在位する例も少なかったのは確かである。

『愚管抄』の最後におかれた第七巻は、全体の総論としての内容を持つ。慈円が天皇の寿命が短いことを述べたのは、天皇を補佐するために「摂籙臣」が不可欠であり、天皇と「御ウシロミノ臣下」とが「魚水合体」のごとき親密な関係で政治を行っていく必然性があったと論じるためだった。要するに、摂関政治が成立するためには、短命な天皇という条件が必要だったのである。

摂政や関白が政治を主導する一方で、天皇が「幽玄の境」にあったとは、どのような意味だろうか。「幽玄」とは「ものごとの奥が深くはかりしれないこと」、また文学や芸術においては「言葉に表れない深くほのかな余情の美」をあらわす。実態が明確でないながら、非常に深く高尚な風情をたたえているということらしい。天皇は宮中の奥深くにいて、何を為すわけではないが、ありがたく畏《おそ》れ多い雰囲気を漂わせているものだったと、慈円は述べているのだろう。それでは「幽玄の境」から踏み出した後三条天皇の政治とは、どのようなものだったのだろうか。

荘園整理令

後三条天皇が打ち出した政策の中でもっとも重要なのが荘園整理令である。延久元（一〇六九）年二月、後三条は下記のような命令を発した（『百練抄』二月二三日条）。

寛徳二年以後の新立庄園を停止すべし。たとえ彼の年以往といえども、立券不分明にして、国務に妨げあるにおいては、同じく停止す。

寛徳二（一〇四五）年は後冷泉天皇即位の年にあたる。この年以後にあらたに設置された荘園を廃止し、さらにそれ以前の設置であっても手続きに不明な点があり、国司の政務の妨げとなっているような荘園は同じく廃止せよという内容である。

荘園とは、有力貴族や大寺社が、開発や支配等の縁故のある土地について、租税の免除

(不輸《ふゆ》)や課役の免除(雑役免《ぞうやくめん》)を受けて、収税権を確保したものである。太政官・民部省という中央官庁が発する符《ふ》によって認可された荘園を官省符荘《かんしょうふしょう》という。また一〇世紀以降、諸国を支配する国司の職務が中央への納税請負、あるいは諸国の経営請負の様相を深めて「受領《ずりょう》」と呼ばれるようになると、国司が荘園の不輸権を認可するようになった。これを国免荘《こくめんのしょう》という。

律令制下で貴族や寺社は、食封《じきふ》と呼ばれる俸禄をあてがわれており、食封を負担する公民の戸《こ》(戸主とその下に編成された戸口《ここう》から成る集団で、租税負担等の単位)を封戸《ふこ》と呼んだ。貴族や寺社に対しては、身分や格式に応じて、一定数の封戸が設定され、封戸が納める租税が、国司を通じて、貴族や寺社に支払われる仕組みである。逆にいえば、国司は貴族や寺社に対して食封を支払う義務を負っていた。ただし公地公民制による田地や人民の管理が後退するにつれ、食封の負担は国司に重くのしかかることになった。そこで国司は相応の面積についての徴税権を貴族や寺社に譲渡して、国免荘としたのである。また、任期終了が迫った国司が、貴族や寺社に対して国判(免除の書類)を濫発《らんぱつ》し、多くの国免荘を生むことも少なくなかった。もちろん有力者の意を迎えることだけを考え、あとは野となれ山となれ式の無責任な行為である。荘園の認定を糸口として、有力者らは支配の拡大をもくろみ、既存の力関係を侵食していった。

荘園の拡大および荘園を基盤とするさまざまな勢力の勃興は、国司による管国の政務運営に大きな支障をもたらし、中央財政に深刻な影響を与えた。このため荘園の廃止、公領（国衙《こくが》領《りょう》）の回復を目的とした荘園整理令は、これまでにもたびたび発布されてきた。醍醐天皇による延喜二（九〇二）年の荘園整理令をはじめとして、花山・後朱雀・後冷泉の各天皇の代にも発せられている。ただし後三条天皇のそれが画期的だったのは、荘園整理を担当させるために、記録荘園券契所（記録所）という機関を設置した点だった。新規荘園の設置（立券《りっけん》）の証拠となる文書（公験《くげん》）を記録所に提出させて、その正当性を審査したのである。

摂関家との攻防

荘園整理にあたって、最も大口の審査対象は、多数の荘園を確保していた摂関家である。その経緯について『愚管抄』は次のように述べる。

（後三条天皇が）延久の記録所をはじめて設置されたのは、全国の荘園が正式の文書での認可を受けずに、公田を掠《かす》めとっているのは、天下の害悪だとお思いになっていたからだ。とくに宇治殿（藤原頼通）の代に、摂関家の御領だという荘園が全国に数多く設立され、国司の任務が全うできなくなった（庄園諸国ニミチテ受領ノツトメタヘガタシ）などというのを、お聞きとどめになっておられたのである。

そこで宣旨《せんじ》（天皇の命令）をお下しになって、人々に、それぞれが所有する荘園の正当性を証明する文書を提出させることにした。宇治殿にもお命じになったところ、「皆そのように心得ているらしいのですが、私が五〇年以上にわたって天皇のご後見役をつとめているところから、所領を持っている者は有力者と縁を繋ぎたいと思うのでしょう。私に所領を寄進してくるので、『ああそうか』とだけ言って、受けいれてきたのです。権利を証明する文書など、持っているはずがございません。私の荘園については、来歴が不正、不確実とお考えになるものがあれば、全くご遠慮はいりません。このようなことは、本来関白である自分が進んで行うべきことなのですから、どんどん廃止してくださってけっこうです」と、はっきりとおっしゃったので、せっかくの御計画がうまくいかず、無駄になってしまった。

そこで再度お考えになり、別に宣旨をお下しになった。記録所への文書提出は、前大相国《さきのたいしょうこく》（頼通、大相国は太政大臣の中国風の呼び方）の荘園については除外するという内容で、かえって摂関家領には手が出せないことになってしまった。

頼通の余裕

後三条天皇からの要請に対して、藤原頼通は「ナンデウ文書カハ候ベキ」(どうして文書などがありましょうか、あるわけがない)と応じた。摂関家の威勢にあずかろうと、次から次へと所領が寄進されてくるので、そのまま受け取るばかりで、手続きや証拠など考えていなかったというのである。文書の有無やその内容、また手続きの可否によって所有権を認定しようとする後三条天皇と、強大な権力という事実の前では文書も手続きも不要だったという頼通の主張とは、まさに中世とそれ以前の時代との懸隔を示している。契約にあたって、文書で確定するのを第一義とするか、当事者同士の信頼関係があり、周囲の条件が整っているのなら文書など必要ないと考えるかは、どちらかが望ましいというよりは、社会のありようによって規定されることだろう(あなたと私の仲で、借用書なんて水臭い、そんな堅苦しいものいりますかいな——と丸め込まれて、借金を踏み倒されることもあるし、逆に借用書があったからといって必ずしも借金が返ってくるわけではないなど、現代でも文書や手続きの意義について考えざるを得ない機会はある)。

しかも頼通のすごいところは、基準に適合しないなら荘園を廃止してくださってけっこう——と「サハヤカニ」(すがすがしい・はっきりしている等の意)言い放つ点である。五〇年以上にわたって権力を握り続け、栄華を極めた者ならではの余裕のある対応というべきか。このように返されると、躍起になっている後三条のほうが、品が悪く見えてしまう。

荘園をめぐる同様の対応は、『古事談《こじだん》』（鎌倉時代初期成立の説話集）にも語られている。頼通が宇治の平等院を建立した際に、周辺の多くの所領が同院領として寄進された。後三条天皇は、これらの荘園を調査しようと官使を派遣した。これを聞いた頼通は平等院の大門の前に錦の天幕を立て、いろいろなご馳走を並べて官使を迎えた。官使はすっかり恐縮して、引き返してきてしまったという（第一巻六七話）。

頼通は永承七（一〇五二）年に、宇治にあった別荘を寺にあらため、平等院を創立した。翌天喜元（一〇五三）年に建立された鳳凰堂《ほうおうどう》が現存して、国宝に指定されている。人々は頼通と縁を結び、保護を受けるために、こぞって所領を寄進し、それらが平等院領荘園として立券されていたのである。後三条天皇は、荘園整理の一環としてこれらの荘園の調査をしようとした。頼通は、それを拒むどころか、歓迎する姿勢をみせたので、使者のほうが気勢を削がれてしまったという話になっている。

摂関家の権勢が集積した富と、後三条が切り開こうとする証拠文書（公験《くげん》）による所有権の認定とは、別の時代の所産であり、折り合いのつかない関係だったことがうかがわれる。後三条の方法は整合的ではあったが、鷹揚にかまえて大人の風格を漂わせる頼通の前では、小賢《こざか》しく、みみっちいもののように映ったのだ。

荘園整理の実態

『愚管抄』や『古事談』のなかに、荘園をめぐる後三条天皇と藤原頼通との攻防が、前者に分の悪いもののように描かれているのは、当時の貴族社会の価値観がそのような判定をくだしたことのあらわれと考えられる。だが、事実はどうだったのだろうか。

実際には摂関家領のなかにも、記録所が審査し停止した荘園があったという。荘園の停止とは、認可を取り消し、再び公領として国衙の管理下に組み入れることを意味する。頼通の孫にあたる師通《もろみち》の日記『後二条師通記』のなかに、摂関家領上野《こうづけ》国土井荘が後三条天皇の記録所によって停止されたという記載がある（寛治五〈一〇九一〉年一二月一二日条）。同荘については長元年中（一〇二八～一〇三七）に発行された公験があったのだが、それとは別に、荘園化によって、賀茂祭や内蔵寮の料として朝廷から同地に課していた紅花《べにばな》の徴収に支障が出るとして停止に至ったようだ。同記の康和元（一〇九九）年六月一三日条にも、後三条天皇の延久年間に、召しによって荘園文書を提出したとみえており、摂関家といえども公験の提出や審査を免れたわけではなかったことがわかる。

また平等院領とされた荘園について、上島享氏の研究にそってみてみよう（同氏『日本中世社会の形成と王権』第三部第3章「庄園制と知行国制」）。平等院に対しては、治暦四（一〇六八）年に太政官牒《だいじようかんちよう》（太政官から発する文書様式）が出されている（治暦四年三月二九日　太政官牒写　布留宮清治氏所蔵文書）。同院領荘園九ヵ所を不輸租田とし、官使・国使等の立ち入りを禁ずる、つまり一括して不輸不入とすることを認める内容である。

その経緯をみると、頼通は平等院を草創後、その維持費に充てるために、新旧の荘園を施入した。さらに太政官符によってそれらを不輸租田とする手続きをとったという。治暦四年の太政官牒は後冷泉天皇の治世に発給されたものだが、同天皇は、この文書の日付から一ヵ月もたたないうちに崩御している。発給時には天皇はすでに病床にあり、皇太子だった後三条の践祚は目前に迫っていた。要するに頼通は、自身の外孫である後冷泉から、非外孫の後三条への交代に備えて、かけこみで不輸不入の特権を獲得したのである。

頼通は「ナンデウ文書カハ候ベキ」と言い放つような磊落《らいらく》なところを見せる一方で、主力となる荘園には、しかるべき手続きを怠らなかったのである。さらに上島氏によれば、平等院領荘園には、いわば中世的荘園への転換の仕掛けがほどこされていた。治暦三年に後冷泉天皇は宇治に行幸し、平等院へ封戸三〇〇戸を寄進した（『百練抄』同年一〇月五・七日条）。だが頼通は、この封戸寄進を受けて、自身が平等院に施入していた九つの荘園の領域化を企てた。すなわち荘園現地に官使の派遣を請い、四至《しいし》（東西南北の境界）を画定したのである。

封戸三〇〇戸とは、国衙からの徴税を免除された三〇〇戸分の免田を意味する。一定量の免田というだけで、特定の地域が指定されているわけではない。だが頼通は、天皇からの封戸寄進という権威を利用して、免田とみなされる田地の周辺地域を囲い込んで境界を定め、あらたな領域を設定した。耕作地を中心とする生活圏の囲い込みこそが、中世的荘園の成立である。つまり平等院領は、領域を備えた中世的荘園群として再編成を遂げ、荘園整理令によって左右されないだけの根拠を備えていたといえるのである。

後三条治世における摂関家領は、荘園としての形態、手続きや文書の具備の状況において、さまざまな段階のものがあっただろう。平等院領は例外的に先進的な荘園群だったのかもしれない。整備がいきとどかない部分があったとしても、摂関家の所領規模と権勢は、荘園整理にあっても揺らぐものではなかった。慌てて公験をかき集める必要など感じなかったのだろう。しかも中核的な荘園群である平等院領については、どのように精査されても瑕疵《かし》がないよう万全の体制が敷いてある。頼通が「どうぞ整理してください」と「サハヤカニ申サレタ」のには、これだけの背景があったのだ。

中世的文書主義

延久の荘園整理令を、中世の幕開けの指標とみなすことができる理由のひとつは、政府による文書審査によって所有権を確定しようとしたことが、「中世的文書主義」の出発点と位置付けられるからである。この用語の生みの親である山田渉氏は、「所持する文書によってのみ所領の知行、あるいは、売買・寄進・譲渡等の正当性が立証されるという法体制」と定義している（同氏「中世的土地所有と中世的所有権」）。

中世社会において自分の権利を確定するためには、しかるべき文書を持っていることが枢要《すうよう》であった。実力や暴力で所有を実現していたとしても、文書がなければ、その権利は公式に認められることがない。逆にいえば、文書さえ持っていれば、実態がともなわなくとも正当な権利があるとみなされた。菅野文夫氏は、この感覚を「文書フェティシズム」と名付けている（同氏「本券と手継――中世前期における土地証文の性格」）。

文書によって証明される所有権の主な対象は、荘園に代表される不動産である。不動産は中世の人々の資産の中心的な位置を占め、家の継承とともに子孫に末永く受け継がれ、一族の紐帯《ちゅうたい》ともなる。したがって不動産についての文書は永続的な効力を持ったものとして、特に大切にされ長く保管された。権利が脅かされる事態が発生すれば、過去に遡って証拠文書を示し、由緒来歴の正しさを主張したのである。

中世的文書主義は、主に不動産をめぐる文書について論じられた概念だが、実は動産についても文書は独自の働きをした。なかでも高額の取引や送金に、現金ではなく手形や為替が用いられたことは特筆すべきだろう。中世においては、政権による貨幣鋳造は行われず、中国から輸入された銅銭が通貨として流通した。金銀等の貴金属は国内でも産出されたが、工芸品の材料や贈答に使用されるのが主で、したがって高額貨幣は存在しなかった。そのため高額の取引には現金ではなく為替や手形が多用されており、文書が現金の代替として機能していたのである。為替については一〇貫文（非常におおまかにいって、現在の一〇〇万〜二〇〇万円程度に相当する）という定額のものが流通していた形跡もあり、貨幣と同等の信用機能を文書が担っていたといえる。ただ、一〇貫文単位の高額取引ができるのは、ごく限られた人々だったはずだから、為替流通の前提として特権的な信用圏が成立していたと考えられるだろう。

貨幣に特徴的なのは、その匿名性である。「大事なものにはお名前を書きましょう」というのは子どものころから教えこまれるルールだが、最も大事なものであるお金には名前を書くことができない。実は中世文書も同様で、本来の所有者の名前が書かれていない、匿名的なものなのである。所有者に次々と受け継がれたり（「手《て》継文書《つぎもんじょ》」と呼ばれる）、信用圏内で流通する文書は、それを所持しているという事実そのものが、権利の証明となる。一方で、所有権についてしばしば問題にされるのは「相伝」や「由緒」という概念であり、所有者の変更のたびに、その事情や手続きを文書として作成し（譲状《ゆずりじょう》・売券《ばいけん》等）、蓄積していくことも重要だった。

中世人と文書との関係を現代人から見れば、たしかに「フェティシズム」という合理性を超えた概念がふさわしいようにも思えるのだが、一方で中世の人々や社会は、当該社会の文脈に沿った合理性のもとに文書を遇していたはずでもあり、「中世的文書主義」については、より総合的に論じる必要があろう。たしかなのは、中世の人々が、文書に対して強い親和性と鋭い感受性をそなえていたということである。適切な様式や文体によって文書を作成することのできる者はごく限られていただろうし、自分の持つ文書の内容を読んで理解できる者も、それほど多くはなかっただろう。だが自身の正当性を証明するためには、文書を所持せねばならないという意識は、中世社会の全域で共有されていた。その出発点となるのが、後三条天皇の発した荘園整理令と、彼の設立した記録所だったのである。

内裏造営と一国平均役

後三条天皇が実施したのは荘園整理だけではなかった。彼は、治暦四（一〇六八）年七月の即位式後すぐに、大内裏《だいだいり》の復興に乗り出した。大内裏は平安京の宮城であり、政権を動かす官庁や国家的儀式を挙行するための殿舎等が置かれる東西約一・二キロメートル、南北約一・四キロメートルにわたる空間である。このなかに天皇の平常の御在所である内裏（御所・禁裏・大内等とも呼ばれる）も含まれており、天皇の私的空間である清涼殿《せいりょうでん》や政務をとるための紫宸殿《ししんでん》等があった。天皇の生活および公家政権の実務と威儀を支える公的領域として重要な場所である。だが大内裏を構成する多くの建物は、火災や大風等によってたびたび被害をこうむっており、維持がむずかしくなっていた。天喜六（一〇五八）年二月には、国家的儀式の際に天皇が出御する大極殿《だいごくでん》を含む朝堂院《ちょうどういん》が火災に遭った。これは再建されないままになっており、後三条天皇の即位式は、本来の大極殿ではなく太政官庁を会場として行われたのだった。

後三条天皇は治暦四年八月に大極殿の造営を開始し、延久四（一〇七二）年四月に完成させた。彼はさらに内裏の再建にも手をつける。こちらは延久二年三月に建設を開始、翌年八月には完成した。このような造営事業の経費は、従来は諸国の国司に負担をわりあてて調達していた。だが荘園の増加等によって、諸国の経営がむずかしくなったことに加え、国司の業績評価の仕組みが形骸化したために、この方式はうまく機能しなくなっていた。

国司の評価は、「受領功過定《ずりょうこうかさだめ》」という手続きによって行われてきた。管国における租税の徴収や、中央政府への納付や貢献等について、国司が提出した大量の書類を監査するのである。非常に緻密な手続きなのだが、それだけにたいへんに煩瑣である。国司の作成する書類も、実態と乖離《かいり》した、ただの数字合わせになっていることが多いため、次第に形骸化、儀式化した。また摂関家の意向によって国司の人事が左右されるようになると、国司としての公務のうえで業績をあげるよりも、摂関家に奉仕して、その庇護を受けたほうが有利となり、受領功過定はますます有名無実に堕していった。

　このような事情により、あらたな経費徴収の方法が必要となっていた。そこで案出されたのが一国平均役である。国司管轄下の公領（国衙領《こくがりょう》）だけでなく、荘園も含めた、一国内のすべての田地に一律に賦課を行う。比較的少額であるが、広範囲に均一に負担させることで、内裏造営等の国家的事業に対する人々の共感や参加を促す意味を持つ。中世社会においては、分裂や多元化が進行するが、それを補完するために理念的な包括性や統合を確保する動きもおこる。その端緒が、一国平均役といえるだろう。内裏造営だけでなく、大嘗会《だいじょうえ》（天皇が即位してはじめて行う新嘗祭《にいなめさい》）役、伊勢神宮の遷宮のための役夫《やくぶ》工米《たくまい》、各国の一宮・国分寺の造営役等、重要な朝廷儀礼・宗教的事業についての賦課方式として定着していくのである。

　一国平均役を賦課・徴収するためには、各国の公領・荘園の実態が明確になっていることが必要である。延久の荘園整理令と記録所は、荘園の公験を審査するだけでなく、各国の土地台帳を作成した可能性がある。このような台帳としては、鎌倉時代以降の「大田《おお た》文《ぶみ》」「田数帳《でんすうちょう》」などと呼ばれるものが残っている。国ごとに作成され、国内の荘園・公領の所在地・田地の面積や所有関係等が列挙される内容である。後三条天皇の治世下で、おそらくは後代の大田文作成の先駆となるような作業が実施された。

後三条が行ったのは、公領から分離した荘園の画定、荘園・公領についての賦課制度の創出だったが、それこそが中世の土地制度として展開していく荘園公領制の設定、土地制度・生産体制における中世の開始と位置づけることができるのである。

「幽玄の境」を踏み出して

荘園整理令とともに、後三条天皇は延久四(一〇七二)年に升の容量を統一した。徴税を円滑に行い、国家財政を安定させるための基本となる度量衡の統一である。延久宣旨升《せんじ ます》と呼ばれ、鎌倉期を通じて公定升として通用したものである。『古事談』は「延久の善政には先《ま》ず器物《うつわもの》を作られけり」と述べている。

この升の制定について、後三条はかなり積極的に関与したらしい。『愚管抄』は、できあがった升に、天皇自らが清涼殿の庭で砂を入れて量ってみたと伝えている。この様子を見て、「コハイミジキコトカナ」(これはすばらしいことだ)と賞賛する者がいる一方で、「カカルマサナキコトハ、イカニ目ノクルルヤウニコソミレ」（このようなつまらないことを自らなさるとは、目がくらくらするような気持ちだ）と嘆く者もあった。後者の反応は、「内裏ノ御コトハ、幽玄ニテヤサヤサトノミ思ヒナラヘル人」（天皇とは、もっぱら宮中の奥深くにいて優美にしておられるものだと思い込んでいる人）のものだったという。彼らにとっては、天皇自身が徴税の細部について検討し、手ずから試してみるなど、ありえないことと映ったのだろう。

だが後三条天皇は、新しい政策を自ら考え、それらに実践的に関わっていこうとしていた。新しい施政者像の創出である。たしかな血肉を備えた存在が施政者として政権を率いることが、院政の開始につながる。血肉どころか、生々しすぎるような人物があらわれる時代がめぐってくるのである。

後三条の譲位

四年半ほどにわたって意欲的な政治を続けてきた後三条天皇は、延久四（一〇七二）年一二月八日に譲位し、貞仁《さだひと》親王を践祚させた（白河《しらかわ》天皇）。貞仁は、後三条を支えてきた藤原能信の養女茂子《もし》（実父は藤原公成）とのあいだに生まれた子である。後三条は三九歳、貞仁は二〇歳になっていた。後三条は、践祚後に源基平《もとひら》の娘基子《きし》とのあいだに実仁《さねひと》親王を儲けており（延久三年生まれで、異母兄の貞仁とは一八歳の年齢差がある）、さらに譲位後ほどなくして輔仁《すけひと》親王が生まれている。基子は、茂子が産んだ聡子《そうし》内親王に仕えていたことから、後三条の寵愛を受けるめぐりあわせになったという（系図４参照）。

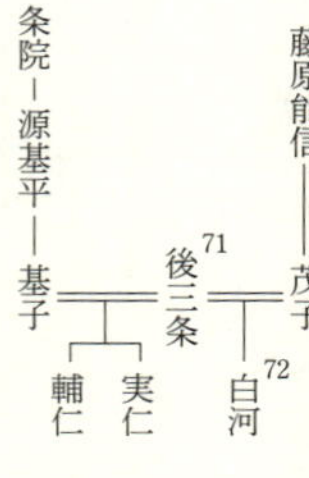

系図４

後三条は、なぜ譲位したのだろうか。本章の最初に述べたとおり、『愚管抄』は、末代の世を治めるために、後三条が太上天皇として政務をとる「院政」を選択したのだと記している。「太上天皇ニテ世ヲシラン、当今ハミナワガ子ニテコソアランズレバ」（太上天皇として世を治めよう、当代の天皇はわが子が継ぐはずなのだから）と考えて譲位したというのである。慈円の説では後三条こそが院政の開始者なのだが、残念なことに後三条は延久四年一二月に譲位した後、翌年の四月には重病となって出家、五月七日に亡くなってしまう。したがって事実上、院政を実現する時間はなく、譲位の目的が「院政」だったのかどうかを確かめることができないのである。

後三条に院政の意図があったかどうかについて、前近代の史書は『愚管抄』の説を踏襲し、北畠親房《きたばたけちかふさ》『神皇正統記《じんのうしょうとうき》』、新井白石《あらいはくせき》『読史余論《とくしよろん》』などが同様の見解を述べている。慈円は、後三条の政治に革新性を認め、さらに彼自身がまさに院政が常態となった時代に生きていたために、譲位は院政の開始と同義だと考えたのだろう。

だが近代以降の歴史学においては、実証主義の立場から、院政開始が直接の譲位の理由ではないと論じられた。また皇国史観のもとでは、「院政」は「天皇の大権を掣肘《せいちゅう》するもの」であり、望ましからざる政治形態と評価され、平泉澄《ひらいずみきよし》は後三条の院政を全面的に否定した（同氏「日本中興」）。

院政の是非はともかくとして、譲位時点での後三条に、わざわざ院政を敷く理由が認められないのは確かである。譲位の直接のねらいは、和田英松が「院政に就いて」という古典的論文の中で述べた「立太子の関係」、すなわち実仁親王を貞仁の次の後継者として確定することだったと考えるのが妥当だろう。

後継者の選定

白河天皇となった貞仁親王の母は、養女ではあるが摂関家の出身である。当面は貞仁を天皇に立てるしかないが、貞仁の次に第二皇子の実仁親王を即位させることが、後三条の譲位の本当の目的だったと考えられる。実仁の母源基子の父基平は敦明親王（小一条院）の息子として生まれ、源姓を賜った人物である。敦明親王は前述のとおり、道長の圧迫を受けて皇太子辞退に追い込まれており、実仁はその曾孫となる。後三条は、政治的にも血統的にも摂関家から遠い実仁を天皇にして、摂関政治からの脱却をはかりたかったのだろう。ただし実仁があまりにも幼いために、白河を中継ぎに立てたうえで、実仁を皇太弟に定めたのである。

後三条は譲位によって、次代・次々代の天皇を指定した。自身の意志で後継者を定め、その即位を見届けられるという点こそが、院政を生み出した要因であった。これまで天皇の婚姻や子女の養育等は摂関家によって管理され、その延長として天皇位は摂関家によって決められてきた。それこそが藤原頼通が「サハヤカニ」語った「君ノ御ウシロミ（後見）ヲツカウマツリテ」の内実であった。摂関家の娘は「后《きさき》がね」（将来、天皇の后になる者）として大切に育てられる。彼女は宮廷に送り込まれ、運がよければ男子を産み、さらに天皇の母となる。だが彼女は一貫して「父の娘」であって、父は娘を通じて天皇家を管理・制御したのである。

摂関政治は母系を軸として成立していた。したがって「父の娘」が次代の天皇を産むことができなくなれば続かないし、そもそも父が十分な数の娘を持つことができなくなったのが頼通世代の問題であった。これに対して、後三条の譲位は父の意志による後継者の決定を示したものである。ここに摂関政治の母系から、院政の父系への転換が成されたと考えられる。

後三条院政？

後三条が明確に院政を目指していたかどうかは不明というしかない。ただし、彼の本意が白河天皇ではなく、その後にくるはずの実仁親王にあったことを考えれば、すでに二〇歳で意志や判断力を備えている白河に、全面的に政治を任せるつもりでいたとは思えない。何らかの形で、政治に関与したことはまちがいないであろう。それに近い先例として、道長と頼通との関係がある。

藤原頼通が摂政・氏長者となったのは二六歳のときで、当時としては歴代最年少の摂政だった。公職から退いた道長は「大殿」と呼ばれて政治を左右し、とくに人事についての影響力は大きかった。頼通自身が父の指示を仰ぐこともあったが、周囲の貴族らも、頼通の頭越しに道長の意向をうかがうことが少なくなかったらしい。道長による頼通の後見といえるだろうが、その根拠は前摂政という経験と、頼通との父子関係に基づいていたと思われる。この点は、院政の根拠である前天皇かつ現天皇の直系尊属という条件と似通っている。

また後継者についても、道長は「頼通―教通―頼通の息子」と継承の順序を指定していたといわれる。嫡男の頼通からいったんは弟に譲らせ、その後は直系にもどすという方針である。父による後継者の選定、男系直系継承の志向は、後三条以降の天皇家の方針と同様である。ただ一方で道長が、頼通・教通だけでなく、異母兄弟の能信等も昇進させたために混乱を招いたことは前に述べた。一貫性に欠けるというべきだろうが、できるだけ多くの娘を天皇家の配偶とし、できるだけ多くの天皇候補者を産ませてストックしておくとなれば、それぞれの後見につける多くの男子も必要となる。簡単に後継者を絞るわけにはいかないのだ。

公職から離れた立場での実権の保持・後継者選定についての意向の表明という点で、道長—頼通父子の関係に、後三条以降の体制の萌芽的な要素が見出されることは確かであろう。ただし「院政」は、ファミリー内での力関係の枠を超えて、朝廷の政治制度や貴族社会の構造を変える力を持った。だからこそ中世の開幕を示す意義を持つと評価できるのである。後三条がもう少し長く生きていれば、「院政」が始まった可能性は非常に高かったといえるだろう。

第四章　白河院の時代

後三条から白河へ

後三条を院政の開始者と明言することはできないが、彼はあきらかに中世の扉を開いた人物だった。その意味は、第一に摂関家の血統からの脱却と父権による後継者選定、第二に荘園整理によって荘園公領制と呼ばれる中世の土地制度・生産体制および中世的文書主義成立への流れを作ったこと、第三に宣旨升の制定・一国平均役の開始等、公家政権の全国支配のための統一的基準や税制を設定したこととまとめられる。すなわち天皇家・貴族社会の再編、支配の分裂や利権化に向かう流れと、それを補塡する統一性や合意・共感の創出である。中世社会は上記の筋道に沿って展開することになり、当面はその劇的な進行を「院」が主導することになる。

前述のとおり、延久四（一〇七二）年、後三条天皇の譲位によって、白河天皇が誕生した。異母弟の実仁親王が皇太弟とされ、白河は実仁即位までの中継ぎというのが、後三条の見通しで、関白は藤原教通、頼通の息子の師実が左大臣という布陣である。だが、この体制は長続きせず、延久五年五月に後三条院が崩御、翌六年には頼通が八三歳で、その姉の上東門院《じょうとうもんいん》彰子《しょうし》（後一条・後朱雀天皇の母）が八七歳で死去、さらに承保二（一〇七五）年には教通が八〇歳で死去した。頼通の兄弟は皆たいへんな長命で、権力を握り続けていたのだが、ようやく世代交代の機会が訪れた。二三歳の白河天皇の時代が始まったのである。白河の強みは、なんといっても旺盛な生命力だ。彼には師実の養女賢子《けんし》（実父は源顕房《あきふさ》。顕房の妹である麗子《れいし》は師実の北政所《きたのまんどころ》）が妃として配されており、たいそう寵愛していたという。賢子は男子二人、女子三人の子供たちを次々と産んだ。第一皇子の敦文《あつふみ》親王こそ夭折したが、第二皇子の善仁《たるひと》親王は順調に成長している。

ところが母の賢子が応徳元年（一〇八四）に二八歳の若さで亡くなってしまう。『古事談』によれば、賢子が危篤状態になっても、白河天皇は内裏から退出することを許さず、臨終の後も遺体を掻き抱いたまま離さなかった。白河の近臣で賢子の縁者である中宮大夫源俊明《としあき》が、「帝者の葬に遭ふ例、未だ嘗《かっ》て有らず候ふ。早く行幸有るべし」（天皇が人の臨終の場に居合わせることは前例がございません。早くお移りください）と促したところ、白河は「例は此れよりこそは始まらめ」（それなら私こそが最初の例を開くのだ）と答えて、動こうとしなかったという（第二巻五三話）。

白河の賢子に対する愛情の深さ、執心の強さを物語る話だが、それ以上に天皇と穢《けがれ》との関係において、白河が型破りの行動に出る人物だったことが示されている。天皇とその住居である内裏は、最も清浄であらねばならず、穢からは隔離されていなければならなかった。最上級の穢である死穢《しえ》は、もちろん厳重に遠ざけられるべきものであり、重病を患った者はすみやかに内裏を出て他所に移るのが通例だった。ましてや臨終の現場に天皇が立ち会うなど、とうてい考えられないことである。宮廷の儀礼や日常生活のなかで踏襲されてきた「先例」は、平安時代以降の人々にとって何よりも優先すべき規範とみなされていたが、白河はそれを破ることを恐れず、自分のやり方こそが先例になると宣言したのだ。はるか先の時代の後醍醐《ごだいご》天皇が「朕《ちん》が新儀《しんぎ》は未来の先例」と述べたことは有名だが、白河の「例は此れよりこそは始まらめ」という発言はそれに先行するものといえるだろう。

白河天皇の譲位

さきに述べたとおり、後三条天皇の画期的な点のひとつは次代・次々代までの後継者を自分の意志で決定しようとしたことである。しかし後三条が亡くなり、次代の白河天皇が自分の男子を持つにいたっては、白河にも彼なりの希望や見通しが生まれるのは当然である。一方で次の天皇は皇太弟の実仁親王と決められている。

実仁親王は永保二（一〇八二）年に元服の儀を行った。母の源基子はすでに亡いが、祖母の陽明門院《ようめいもんいん》（禎子《ていし》内親王）が後ろ盾となっている。だが応徳二（一〇八五）年、一五歳の実仁は疱瘡《ほうそう》のために亡くなってしまう。白河天皇にとっては、またとない好機である。翌応徳三年一一月二六日、白河は七歳のわが子善仁に皇太子宣下を行い、その日のうちに譲位、践祚という荒業を実現した。堀河《ほりかわ》天皇の誕生と、白河院の院政の開始である。

ただしこの譲位は、あきらかに善仁を即位させるためで、とくに「院政」を意識したわけではなかったのは後三条の譲位と同様と思われる。おそらく白河には確たる政治構想などはなく、寵愛する賢子とのあいだに生まれた息子を天皇に据えたいという欲求にしたがったのだろう。そしてこれも後三条と同様なのだが、天皇位を思い通りの後継者で固めておくことは、中継ぎであった自らの脆弱《ぜいじゃく》な立場を補強する意味を持つ。堀河天皇の摂政には外祖父である藤原師実が就任し、白河院と協調して幼い天皇を支える体制が作られた。

堀河天皇と藤原師通

寛治八(一〇九四)年、師実は息子の師通《もろみち》に関白の座を譲った。堀河天皇一六歳、関白師通は三三歳という若々しい組み合わせが政治を主導することになった。成人後の堀河天皇は非常に真面目に政務に取り組み、「末代の賢王」と評された。「天下の雑務」に特に心を砕き、その日の担当の蔵人《くろうど》(天皇の身近で政務を処理する秘書官。天皇の私的な領域で働く立場で、律令の官僚制度の枠外に設けられた令外《りょうげ》の官である)が上申してきた書類(申文《もうしぶみ》)をすべて手許にひきとって夜の間に検討し、不審なところには紙片をはさんでメモをとり、翌日蔵人に問いただしたという。「天下の雑務」とは、朝廷や天皇の使命と考えられていた祭祀や儀礼以外の案件――つまり所領をめぐる争いや刑事事件等、人々が裁定を待ち望んでいるような種類の問題と思われる。若き堀河天皇はこれらに真摯《しんし》に臨み、寝る間も惜しんで精査したのである。

また、儀式への公卿らの出欠などにも目を配って、怠慢に陥らないよう叱咤《しった》した。万事にきっちりとやることを求めたのだろうが、息子のこのような取り組みを知った白河院は「何もそこまでやらなくとも」と、あきれた様子だったという（『続古事談』第一巻一〇話）。施政者の役割や姿勢に対する考え方の違いだが、宣旨升に手ずから砂を入れてみるような後三条天皇の実践を、堀河は受け継いだといえよう。白河は、前述のとおり妃の遺体にすがって嘆くというやり方で、自分が「幽玄の境」にとどまらない存在であることを示したわけで、後三条の開いた新しい天皇像を継承するやりかたが、父子それぞれで異なっていたとみることができる。

関白の師通もまた職務に精励し、学問を好む優秀な人物で、その治世は「嘉保・永長（一〇九四～一〇九七）の間、天下粛然」といわれた（『本朝世紀』）。ただ、性格的には「事ノホカニ引ハリタル人」（特に剛直な人　『愚管抄』）で、「下り居《おい》の帝の門に車立つやうやはある」（位を退いた天皇の門前で下車して臣下の礼をとる必要があるものか　『今鏡《いまかがみ》』）と述べるなど、院の権威を認めず、天皇とともに自立した政治を行おうとする意欲を露わにしていた。堀河・師通ともに道理を重んじる人柄であり、逆に言えば融通をきかせることができず、「世間のこと両方にあい分かつ」（『中右記《ちゅうゆうき》』）という、院と天皇との政治的分裂状況があらわれたのであった。

この段階では「院政」概念は朝廷内においても市民権を得ておらず、有能で熱心な天皇・関白の組み合わせの前では、旗色は悪かったといえる。ところが承徳三（一〇九九）年、師通が三八歳で、嘉承二（一一〇七）年に堀河天皇が二九歳で亡くなる。堀河・師通の体制が長く続いていれば、別の展開があったかもしれないが、生命力が乏しければ元も子もなく、こうなると直系継承は弱いのである。堀河のあとには、その皇子で五歳の宗仁《むねひと》親王が践祚して鳥羽《とば》天皇となった。師通の息子忠実《ただざね》は、父の没時には二二歳の弱輩の権大納言で大臣にも昇っていなかったため、関白の地位は一時空席とされた。摂関家の立場は再び危うくなったのである。

直系継承の創出

鳥羽天皇が誕生したことで、当初中継ぎにすぎなかった白河院は、子・孫までの三代にわたる直系継承を実現した。彼は自分の立場が不安定だったことを十分に認識しており、それだけに自分の直系によって天皇位を継承していくことに意欲的だったと考えられる。摂関政治のもとでは、摂関家の娘たちが産んだ皇子が次々と天皇や皇太子に据えられたが、白河は父の権威によって後継者を選び、その庇護者＝後見となったのである。

次代・次々代の未来を見通す立場では、その逆の方向である過去をも意識せざるをえない。父の後三条を皇太子とし、天皇に押し上げてくれた藤原能信について、白河は「故東宮大夫殿ヲハセズハ、我身ハカカル運モアラマシヤ」（故能信殿がおられなければ、私が天皇や院になるという運はめぐってこなかっただろう）と折に触れて感謝の意を述べ、必ず「殿」の敬称をつけて呼んでいたという（『愚管抄』）。

また康和五（一一〇三）年、堀河天皇に男子が生まれた際には、感激して涙を流した（『中右記』同年正月一七日条）。これを記録した藤原宗忠《むねただ》は、白河院・堀河天皇・孫の皇子の三代がそろったことについて、宇多《うだ》天皇治世の延喜聖代の時代以来例のないことで、たいへんめでたいと述べている。延喜の聖代とは、宇多・醍醐・朱雀の直系三代があいついで天皇位に即いた時代で（在位は八八七～九四六年）、摂関政治が軌道に乗る以前のことだ。貴族社会全体が三代相承を意識し、皇子の誕生を慶んでいた。この皇子が生後七ヵ月で立太子され、五歳で鳥羽天皇となる。

鳥羽誕生前の白河の政権が磐石でなかったことについては、のちになって鳥羽院が摂関家の藤原頼長《よりなが》に語った内容が伝わっている。鳥羽院と当時内大臣だった頼長とがいろいろと話をしているおりに、鳥羽院の誕生のころのことが話題にのぼった。「朕未生以前《ちんみしょういぜん》」と鳥羽院が語り出した。自分が生まれる前に、父の堀河天皇が病気になったことがあり、天下の人々は次の天皇は「三宮」だろうと噂した。「三宮」とは、白河院の異母弟輔仁《すけひと》親王（実仁親王の同母弟）を指す。白河院は直系継承が破綻しそうな事態を深く嘆き、「自分は出家したが、まだ受戒はしておらず、法名も名乗っていない。天皇が反対されないのなら、重祚《ちょうそ》してもいいのではないか」と述べたという（『台記《たいき》』康治元年五月一六日条）。

望みどおりの後継者を天皇に据える院政は、未来を先取りする意味を持つ。同時に彼らは、自分が天皇となるまでの経緯に意識的にならざるをえなかった。過去と未来をより長く見通す新しい時間感覚が生まれてきていたのである。

白河は、堀河の即位後も、「三宮」＝輔仁親王を恐れなければならなかった。宮廷社会は、後三条天皇の正統な後継者だったはずの輔仁の存在を、まだ忘れていなかったのである。永久元（一一一三）年に、輔仁の護持僧である醍醐寺の仁寛《にんかん》らによる鳥羽院の呪詛・暗殺計画が発覚した（永久の変）。この事件によって、輔仁は皇位継承の可能性を絶たれた。白河院は輔仁派からの襲撃を恐れて、行幸の際には源義家《よしいえ》・義綱《よしつな》らの武士を護衛につけていたともいわれる（『愚管抄』）。輔仁との関係が心理的な重荷というだけでなく、現実的な危険を感じさせるものだったことがわかる。輔仁の脅威は、武力が院権力と結びつく一因ともなったのである。

法親王の創出

中宮賢子を寵愛していたとはいえ、白河は他の女性との間にも多くの子女を儲けている。これらの子供たちの処遇にあたっても、彼は新しい例を開いた。まず永保三（一〇八三）年、第二皇子で九歳の覚行《かくぎょう》を、仁和寺《にんなじ》大御室性信《おおおむろしょうしん》のもとに入室させた。仁和寺は、宇多上皇が出家後に住したことから御室御所と通称され、皇室と縁の深い寺院である。覚行は応徳二（一〇八五）年に、性信を戒師として出家した。承徳三（一〇九九）年にいたって、白河は覚行に親王宣下を行ったが、出家後の皇子を正式に親王と位置づけたのは初めての例だった。覚行のような例は法親王《ほっしんのう》と呼ばれ、この後多くの法親王が生まれる（すでに親王宣下を受けている者が出家した場合は、入道親王という）。

皇子女のすべてを皇族にとどめて相応の待遇を与えることは財政的にむずかしく、源姓を与えて臣下に下らせることが、嵯峨天皇の代から行われるようになった（賜姓《しせい》源氏）。だがこの制は醍醐天皇以後行われなくなり、皇子女の将来の選択肢は限られていた。そのような状況下で、親王の出家は俗界における不運や不遇を理由としていた。たとえば覚行の師匠となった入道親王性信は三条天皇の皇子だが、父が摂関家の圧力によって退位させられた後に崩御、後一条天皇の皇太子となった同母兄の敦明親王もその地位を辞退せざるをえないという、将来に全く期待を持てない状況で、宮廷社会から逃げるように仁和寺に入ったのである。政争の犠牲といえる性信のケース以外にも、それまでの親王の出家の理由は病気や父帝の崩御など、ネガティブなものばかりだった。

一方で覚行の仁和寺入室には、勅使として白河側近の藤原公実が付き添い、出家後の受戒は、六〇〇人もの人々が参加して盛大に挙行された。性信とは逆で、覚行の出家は父の権勢を背景としてのものであり、白河は覚行を通じて自身の支配を仏教界に及ぼさんとしていた。覚行入室に先立っては、封戸《ふこ》（免田）の寄進や性信による内裏での祈禱など、仁和寺および性信の権威を高める措置がはかられた。性信は覚行入室時にすでに七九歳という高齢であり、白河は十分な仕掛けをほどこしたうえで、性信の後継者として、覚行を送り込んだのである。

覚行の出家には、もうひとつの意味があった。彼の入室時に、第三皇子の善仁はわずか五歳、第一皇子の敦文は三歳で夭逝しており、ほかに男子はいない。覚行を出家させてしまうと、善仁が不運に見舞われた場合、後継者を失うことになりかねない。つまり覚行出家の判断は、後継者問題を考えれば、かなり危険な賭けだったのである。白河としては、賢子所生の善仁の優先権を明確にし（覚行の母は藤原経平《つねひら》の娘経子《けいし》）、兄弟間での権力闘争がおきる可能性を絶っておきたかったのだろう。たとえ善仁が亡くなっても、あらたに息子を儲ければいいと思っていたのかもしれない。いずれにしても、当初は覚行を退ける方便として出家があり、出家をより効果的にするために、仁和寺の権威を高め、経済的基盤を充実させるなどの策をはかったと考えられる。

この後、後継者として同母の男子を二人程度残し、それ以外の兄弟を出家させる方式は、広く採用されるようになる。摂関家による管理から離れて、天皇はさまざまな女性を後宮に受け入れ、多くの子女を儲けるようになった。だが後継者候補以外の男子に、政界や貴族社会での活躍の場はない。余計な男子は次々と寺院に送り込まれ、宗教界から天皇や院を支えることを求められるようになったのである。摂関家以下の貴族たちも、同様に子弟を出家させて、次世代の絞りこみを行うようになる。院政の開始によって貴族らの役職の構造が変化したこととも関連するのだが、それについては後述することにしよう。

准母立后

天皇家の後継者以外の男子には、出家・法親王という身の振り方が生み出された。女子についてはどうだったのだろうか。内親王宣下を受けた皇女の重要な役割は、伊勢神宮の斎宮《さいぐう》と賀茂社の斎院《さいいん》を勤めることで、両社への奉仕を通じて祭祀面から天皇を支えた。また、摂関家の娘たちの陰になって目立たないものの、後三条の母となった禎子内親王のように、天皇のもとに入内する者も多かった。だが白河院は全く新しい皇女の身の振り方を用意したのである。

白河の第一皇女である媞子《ていし》内親王（承保三〈一〇七六〉〜嘉保三〈一〇九六〉）は、三歳で斎宮に卜定《ぼくじょう》され、野宮《ののみや》での潔斎《けっさい》の後、伊勢に下った。そして応徳元（一〇八四）年にいたり、母賢子の死によって斎宮を退下して都に帰った。同三年に白河天皇が譲位して、同母弟が堀河天皇となると、媞子は准母《じゅんぼ》（天皇の生母に準ずる立場）として入内、寛治五（一〇九一）年に立后、同七年には女院宣下《にょういん》を受けて郁芳門院《いくほうもんいん》となった。堀河と媞子の母賢子が亡くなっていたため、その代理として准母となり、さらに格をあげていったものである。媞子は、その後まもない嘉保三（一〇九六）年に二一歳で死去する。

媞子は美しく心優しく、白河にとって最愛の女子だったといわれる。斎宮退下後の彼女にしかるべき地位を与え優遇するために、白河はこのような措置を考案したと思われる。媞子のごとく、独身の内親王を弟の准母として立后することは前例がなく、寛平九（八九七）年の醍醐天皇即位の際に、父の宇多上皇の女御である藤原温子《おんし》を養母とした例に準拠するとされた。もちろん温子は内親王ではないし（関白藤原基経《もとつね》の娘）、天皇の姉妹でもなく、それを先例と称するのはかなり無理がある。このため媞子が若くして亡くなったのは、「帝母にあらず、帝妻にあらざるの人」を准母立后したために天罰がくだったのだという噂が立ち、白河院も非常に気にして、伊勢神宮に謝罪したという（『中右記』嘉承二年一一月二六日条）。

だが、その後も内親王の准母立后は推進された。鳥羽天皇の即位の際には、伯母にあたる令子《れいし》内親王の准母立后が行われた。五歳の鳥羽を一人で輿《こし》に乗せるわけにはいかず、同乗して世話する者が必要だからという理由が付けられた（堀河天皇は即位時に八歳で、単独で輿に乗った）。即位式にあたっては、天皇が輿に乗って大極殿に行幸し、高御座《たかみくら》に座すのだが、天皇が幼少の場合は母后が同乗したのである。鳥羽の生母苡子《いし》は亡くなっているので、その代理となる高貴な女性を確保しなければならないという理屈である。

院政期から鎌倉期にかけて、天皇家の女子の将来の道は男子以上に狭められ、結婚という選択肢はほとんど消滅した。それに代わって、特に父の寵愛の深い娘は、不婚のまま准母立后などの手続きを経て、女院宣下を受けるようになる。女院のもとには皇室領が集積され、その周囲には独自の文化圏が形成された。さらに彼女らは、天皇の後見としてだけでなく、適正な処遇を受けられずにいる天皇家メンバーの庇護者としても機能する。

白河院以後の天皇家は、後継者以外の構成員の結婚を抑え、男子は出家させ、女子は女院宣下によって優遇した。政権を掌握する院に権力が集中した結果、婚姻政策によって勢力を拡大する必要がなくなり、天皇位をめぐる争いの可能性を摘むことのほうが重要になったと考えられる。天皇になれない男子は、宗教界を束ねて天皇を護持し、女子は皇室領の乗り物となることを求められたのである。

後宮の変容と家格の形成

摂関家による後宮の管理が後退した後、天皇や院は自由に女性を選ぶようになった。同時に天皇のミウチが摂政や関白となって政治を主導する方式も変化する。鳥羽天皇の母は藤原実季《さねすえ》の娘苡子《いし》で、摂関家の出身ではない。実季は白河の母茂子の実兄なので、苡子は茂子の姪、白河院とは従兄弟の関係になる。実季と苡子の同母兄公実は、いずれも白河の信任を得て、政治的に活躍していた（系図5参照）。

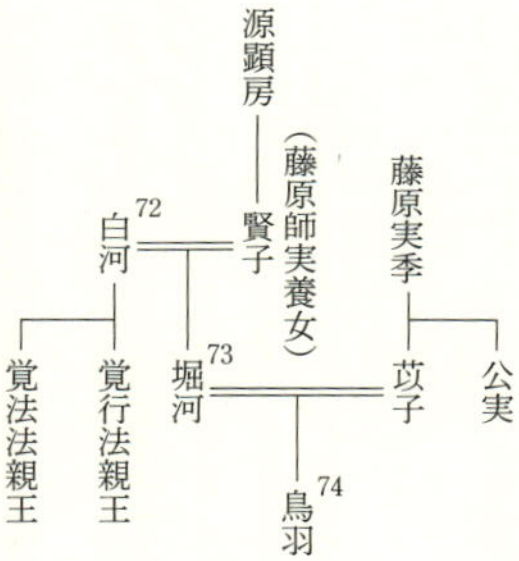

系図5

鳥羽天皇が践祚した際に、当時正二位権大納言だった公実は、天皇の外舅《がいきゅう》（外伯父）にあたることを根拠に、摂政にしてほしいと白河院に訴えた。公実は家柄では摂関家に及ばないが、これまで天皇のミウチ（外戚）でない者が摂政や関白に就任した例はないので、彼の希望には一定の理がある。白河院も返答に窮し、厳重に戸締りをしてひきこもるという逃げをうった。そこへ代替わりの手続きが遅滞しているのを案じた側近の源俊明がやってきて、戸を引きあけて院の御前に参じた。院はその勢いに気圧《けお》されて「摂政はもとのとおり（藤原忠実）で」と指示したという。俊明としては、公実の血統が、数代遡れば摂関家に連なるという程度のもので、しかも当人が学才・人柄ともに格段にすぐれているわけでないことから、ミウチだというだけでは摂政にはできないと判断したのだった（『愚管抄』）。結局堀河天皇の関白となっていた忠実が摂政に就任することとなったが、彼は自分の不安定な立場を危惧し、「院の仰せ」によって摂政に命じられることを望んだ。補任《ぶにん》の宣命《せんみよう》にはその旨が明記されたのである。

ここに、天皇とのミウチ関係と連動しない摂政・関白を継承する家柄が成立し、それが院の権威によって正当化されることとなった。藤原道長の嫡流の家が、貴族社会の頂点に位置する摂関家として固定され、それに続いて貴族らそれぞれの家の家格が定まり、全体が整序されていく。同時に、政権を握る院の周囲には、源俊明のごとく、院の私的な空間に立ち入り、政治的決定に深く関与する近臣グループが形成され、強い力を持つようになっていった。

院が自分の意志で後継者を指名し、天皇のミウチ関係と摂関家とが分離すれば、天皇の母の出自はあまり問題にされなくなる。正式な婚姻儀礼を経ることなく、院近臣層の娘や女房として仕える女性たちが院や天皇の寵を受け、多くの子女を産んだ。内裏はともかく、院や親王の御所には遊女や白拍子《しらびょうし》なども出入りしており、かなり自由な男女関係が結ばれていたらしい。女性たちは子供が生まれても特に認知を要求することもなく、それぞれの縁者や庇護者のもとで養育していたのである。

鳥羽天皇の代に斎宮・斎院に充てる皇女がいないことが問題となった。白河院および故堀河天皇の皇女と称する者は多くいたが確証はなく、白河院に尋ねても「よく覚えていない」との仰せだった。そこで皇女と自称する四人の女子について陰陽師《おんみょうじ》が真偽を占い、白河院の実子との判定が出た木工権頭季実《すえざね》の孫の姰子《じゅんし》女王を、斎宮に立てることにしたという(『中右記』天仁元年一〇月二六日条)。

続けて姰子女王に内親王宣下を行うかどうかが問題となった。今上天皇ではなく太上天皇の子女に親王・内親王を宣下した例が確認できなかったからである。この出来事を伝える中御門宗忠は、先例はないかもしれないが内親王宣下をしてよいと述べ、次のように記す。

いま太上天皇の威儀を思うに、すでに人主に同じ。なかんずくわが上皇はすでに専制の主なり。

院の権勢は天皇と同等であり、それどころか白河院は専制君主として、思うままに政務を行っているというのである。白河院は権力を独占し、公私にわたって自由にそれを行使した。その結果として宣下を受けていない「宮」や「姫宮」、父から認知されていない（自分の子かどうか判別不能な）「御落胤」が生まれ、天皇家や貴族社会の境界領域を形成することになるのである。

鳥羽から崇徳へ

院は後継者ばかりでなく、その配偶者も選定し、思い通りに権力のネットワークを張り巡らそうとする。白河院が鳥羽天皇のために選んだのは、藤原公実の娘璋子だった。前述のとおり、白河・鳥羽両天皇の母を出した家系である。彼女は幼いころから白河の養女として育てられ、永久五（一一一七）年に鳥羽天皇のもとに入内した。これ以前に、白河は彼女を関白藤原忠実の息子忠通の妻にしようとしたが、忠実が固辞したという経緯がある。忠実は、この「院姫君」について、「奇怪不可思議の人」「乱行の人」と述べている

（『殿暦《でんりゃく》』永久五年一一月一九日、一二月四日条）。素行が悪く、複数の男性と関係しているという噂が立っていたらしい。

ともかくも璋子は入内し、元永二（一一一九）年に第一皇子顕仁《あきひと》親王を産んだのをはじめとして、次々に五男二女を儲けた。一方で、鳥羽天皇は徐々に祖父白河院の統制を脱して自立の可能性を探り出した。保安元（一一二〇）年、白河院が熊野詣で不在の間に、関白藤原忠実とはかって、その娘である勲子《くんし》（泰子《たいし》と改名）の入内を企てたのである。これを知った白河院は激怒し、忠実を事実上の罷免に追いこんだ。息子の忠通《ただみち》が、かろうじて関白の座を守ることになったが、忠実は宇治に蟄居《ちっきょ》し、その後一〇年にわたって謹慎生活を余儀なくされた。勲子に関しては、鳥羽の即位後まもない時期に、白河院が入内を打診したのに、忠実が断ったという事情があったために、いっそう院の怒りをかったのである。さらに保安四年には鳥羽も譲位させられ、顕仁親王が践祚して崇徳《すとく》天皇が誕生した。白河院は、とうとう曾孫が天皇になるところまでを見届けた。

出生の秘密

天皇の配偶となるべき女性の資格や後宮管理の基準が崩れ、すべてが白河院の判断や恣《し》意《い》に主導されることになると、さまざまな混乱が引き起こされた。院や天皇に連なる人々の身持ちや血統についての疑惑が公然と語られるのは、この時代の特徴といえる。最も有名なのは、崇徳が鳥羽の実子ではなく、璋子が白河院と密通して産んだ子だという噂だろう。崇徳が白河院の胤《たね》であることは公然の秘密で、鳥羽は崇徳のことを「叔父子《おじご》」と呼んでいたと伝えられ、保元の乱勃発の最大の原因として取り上げられることも多い。

だが、これは『古事談』のみにみえる話で、真偽は不明というしかない。密通の事実があったとしても、父親が誰かの本当のところは、当事者たちにもわからなかったのではなかろうか。美川圭氏は、「叔父子」説は、崇徳皇子の重仁《しげひと》の登極を阻もうとする美福門院《びふくもんいん》(藤原得子)・藤原忠通一派が流したものではないかと述べている。それを摂関家と関係の深い『古事談』編者の源顕兼《あきかね》が採録した可能性があるという。

前述のとおり白河院自身が、誰とどのような関係を持って、どのような結果にいたったのかに無頓着だったのだから、男女関係・親子関係についてあまり云々《うんぬん》してもしかたないだろう。父親がはっきりしない子は、宮廷やその周辺には珍しくなかったはずで、ことさら追及されることもなく済んでいたと思われる。将軍の血統を確実に伝えるための制度として大奥をつくり、男性が我が子の出自を疑わずに済むように貞女の道徳を強要した近世とも、単婚小家族を単位とし、小市民的な倫理観を共有しようとする現代とも異質な時代なのだ。

また相手になるのは女性だけではなく、日本の前近代においては男性どうしの関係も珍しいものではなかった。白河院以降の時代には、男色についての言及も史料上に多くあらわれており、性的な関係は政治的な人脈と連動していたと考えられる。政治上の連帯を深めるために関係を結ぶのか、関係を結んだ相手を政治的に引き上げるのか、順序はいろいろだろうが、院政という新しい政治方式のもとで、政権内の力関係の変動が激しく、コミュニティの成熟が十分でないために、このような関係が表立って語られたのだろう。

白河院政の終わり

白河院は長寿だった。彼を院政の主宰者に押し上げた最大の理由はそれである。摂関家の生命力が衰え、実仁親王や堀河天皇などが若くして亡くなるなかで、彼の長寿は、権力を蓄え、政治的意志を実現するうえで大きな意味を持った。だが、その白河にも終わりはやってくる。大治四（一一二九）年七月、璋子の御所で行われた法事に出席し、帰ってきてから急に気分が悪くなり、一晩中痢病《りびょう》（下痢や嘔吐等の急性の胃腸疾患の症状）がおさまらなかったという。食中毒の類かと思われるが、そのまま回復することなく七七歳で崩御した。

当時大納言であった藤原宗忠は、その日記『中右記』にこう記した（七月七日条）。

天下の政をとること五十七年（在位十四年、位を去りて後四十三年）、意に任せ、法に拘わらず除目・叙位を行い給う。（中略）幼主三代の政をとり、斎王六人の親となる。桓武よりこのかた絶えて例なし。聖明の君・長久の主というべし。

長期にわたって政治を主導し、堀河・鳥羽・崇徳三天皇の背後で政治を動かし、皇女六人が伊勢神宮の斎宮・賀茂神社の斎王となった。七七歳という年齢は、平成の天皇を含めた歴代のうち第六位である。その意味では「聖明の君・長久の主」という恵まれた運命を持つ王者だったのだが、宗忠の評価は辛い。法や先例を無視し、思うまま叙位《じょい》・除目《じもく》（朝廷における位階・官職を定める人事に関わる儀式）を行ったというのである。さらに宗忠は次のように続けている。

理非決断、賞罰分明、愛悪を掲焉《けちえん》、貧富顕然なり。男女の殊なる寵多きによりて、すでに天下の品秩《ひんちつ》を破るなり。

決断が早く、賞罰が明確で、好悪が激しく（掲焉ははっきりしているの意）、優遇されて富む者、没落して貧窮する者等、臣下の命運がはっきり分かれた。また男女いずれに対しても、特別に寵愛して引き立てることが多く、天下の秩序を破ることになった。自身の好悪の情にしたがい、周囲の者たちに対して、家柄や実績等を無視した極端な処遇を行い、旧来の秩序を乱したというのが、宗忠の描く白河院の人物像である。

ただしこの内容は、堀河天皇崩御の時に、宗忠が記した堀河についての評価と全く逆になっている。宗忠は堀河天皇のことを、「喜怒出色せず、愛悪掲焉せず」、「叙位・除目、御意のおよぶところ道理を先となすなり」と記し、このような立派な施政者であっても末世にあっては力及ばず、なかんずく白河院とのあいだで政治の主導権が分裂していたために世の乱れを招いたと論じた（嘉承二年七月一九日条）。つまり宗忠にとって理想の君主とは、堀河天皇のごとく、感情を抑え、道理に従うものであって、白河院の政治手法は悉《ことごと》くその逆をたどっていたのである。

白河院崩御の時点で宗忠は六八歳の権大納言で、保延四（一一三八）年に七七歳で右大臣の座を退くまで、良識派政治家として朝政に参加した（彼も相当に長生きで、大部の日記をのこしたために知名度が高い。やはり長生きは大事である）。彼の目からみれば、人々が院の寵を求める様子は、ルール不明のサバイバルゲームそのもので、すっかり嫌気がさしていたのだろう。白河院は既成の名君像を裏切る、全く破格の存在であった。

白河院と受領

これまでにない型の君主だった白河院は、多くのあらたな例を開いた。『中右記』は「法皇の御時はじめて出来《しゆつたい》の事」として次のように載せる（大治四年七月一五日条）。

受領功万石万疋進上のこと
十余歳の人受領となること
三十余国定任のこと
わが身よりはじめて子にいたるまで三、四人同時受領となること
神社仏寺封家納、諸国吏まったく弁済すべからざること
天下過差逐日倍増、金銀錦繍下女の装束となること
御出家の後受戒なきこと

七項目のうち、五つまでが受領《ずりよう》に関することである。六番めの世の中がどんどん贅沢（過差《かさ》）になったという現象を生み出したのが、この受領たちであった。

受領とは国司として諸国を支配する者のことである。もともとは平安時代以来、国司が

任国に赴任せず都にとどまることが一般化したため（遥任国司《ようにんこくし》）、代わりに現地に派遣して国務を委託した者を指した。院政期以降は、国司の地位そのものが利権化し、院の人事権のもとでの経営請負が実態となる。この趨勢のなかで国司その人を受領と通称するようになったのである。彼らは地方に潜在する富を掘り起こし、収奪して都に運んだ。

これらの富は朝廷の儀礼や寺社造営等の経費に充てられ、巨額の「功《こう》」を進上した者は、再び国司に任じられる（この流れを「成功《じょうごう》」による「重任《ちょうにん》」という）。三十余国の国司が院近臣で占められ、さらに彼らの息子や縁者らが、いわばダミーとして各国の国司に立てられ、事実上ひとりで多数の国を経営する者があらわれた。さらに院への上納を最優先とするために、諸国の公領から寺社に納めるべき俸禄（封物）は滞納が目立つこととなった。このことは寺社と国司との対立を生み、国からの給付を期待できなくなった寺社は、荘園設立を目指すという流れになるのである。

中世開幕の指標として、さきに荘園公領制の成立をあげた。後三条天皇以降、朝廷は荘園整理令によって荘園の正当性を審査し、荘園の領域や領主を確定していった。一方で、自身の恣意にまかせて朝政の人事を動かした白河院は、荘園と競合する公領の経営者たる受領（国司）の任免権をも一手に握り、近臣をその座に就けた。近臣として優遇された者たちが、利権と化した国司の地位を与えられ、利益の一部を院に献金し、その見返りとして国司に再任され、さらに権力を得るという循環が成立したのである。このため白河院近臣の権勢は、財力の豊富さで語られることも多い。院が万事について意見を求めたという民部卿藤原宗通は、「天下の権威傍若無人なり」と謳《うた》われたほか、「家に宝貨を累《かさ》ね、富は衆人に勝る」と羨まれた（『中右記』保安元年七月二二日条）。

また近年の研究では、国司と荘園の競合を論ずるだけでなく、両者の利害の一致や協調関係がとりあげられることが多い。国司が寺社や諸官司（役所）へ納める封物の負担から逃れるために、納付先に所縁の地域を荘園に認定することが行われていたのである。国司は利益のあがりにくい土地を切り離して負担を軽くし、寺社等は自立した所領を獲得できるという仕組みである。

利権の源と化した国土は、さまざまな主体によって切り取られ、切り取られた所領に付随する職務や権利は、さまざまな階層に分割された。諸国においては、院―国司（受領）―目代《もくだい》（後述するように、一二世紀半ばには国司の上に知行国主が位置するようになる）、荘園支配においては、本家―領家―預所―下司等、縦割りに連続する支配の体系が形成されていく。それぞれの役割は、上位者から与えられた職務であるとともに、各人が握る利権でもあって、これを「職《しき》」と呼ぶ。中世社会に特徴的な、職務と利益が一体となって多層的に連なる「職の体系」の誕生である。

院権力と仏教

受領たちは、任国で獲得した富を、せっせと院のもとに運んだ。莫大な富が都に集中したはずだが、院はそれを何に遣ったのだろう。再び白河院の崩御関連の史料にもどってみよう。院の葬礼についての記事とともに『中右記』は「院の生前の善根」として以下のような一覧をあげている（大治四年七月一五日条）。

絵像五千四百七十余体、
生丈仏五体、丈六百廿七体、
半丈六六体、
等身三千百五十体、
三尺以下二千九百卅余体、
七宇《(堂カ)》、塔二十一基、小塔四十四万六千六百卅余基、
金泥一切経書写、

丈六《じょうろく》とは、釈迦の身長といわれる一丈六尺（約四・八五メートル）のサイズの仏像、生丈《しょう》

六はその倍、半丈六は半分、等身は人と同じ大きさの仏像である。白河院は大量の仏像や仏画の制作・堂塔の建立に精力を傾け、受領からもたらされた資金をつぎこんだ。

白河院は、天皇であった承保二（一〇七五）年に白河の地（現在の京都市左京区岡崎、岡崎公園・京都市動物園周辺）に法勝寺《ほつしようじ》の造営を開始した。長期にわたって伽藍《がらん》の整備が進められたが、なかでも永保三（一〇八三）年に落成した八角九重塔は高さ八一メートルの威容を誇り、院の権勢と都の繁栄の象徴としてそびえたった。『愚管抄』は「白河ニ法勝寺タテラレテ、国王ノウジデラニコレヲモテナサレケル」と述べている。「国王」として政権を率い、家長として一族を束ねる白河院による、ロイヤル・ファミリーのための「氏寺《うじでら》」と位置づけられたのである。院の権力が「王権」と認識され、院の父権の傘下に天皇家が一族としてのまとまりを見出したのであった。

法勝寺に続いて、白河の地には天皇の御願寺が次々と建立された。堀河天皇の尊勝寺《そんしようじ》、鳥羽天皇の最勝寺《さいしようじ》、崇徳天皇の成勝寺《じようしようじ》、近衛天皇の延勝寺《えんしようじ》、待賢門院（璋子）の円勝寺《えんしようじ》である。いずれも「勝」の字がついているので、六勝寺《りくしようじ》と総称された。最新の技術と最高にして貴重な資材を投入して造営が行われ、大規模な法会が営まれた。さらにこれらの御願寺には、多くの荘園が寄進され、皇室領の集積拠点の役割も果たしたのである。

過剰と蕩尽

院権力によって各国に配された受領たちは、地方の富を掘り起こし、掻き集めて、都へ、院のもとへと送り込んだ。院権力の吸引力がなければかえりみられることのなかった潜在するエネルギーが見出され、受領の財力に転換するとともに、荘園として切り出され、開発や寄進が行われ、さまざまな勢力の対立や葛藤などを招いた。すべての事物が活性化された時代だったといえるだろう。

黄金の中山に鶴と亀とは物語り、仙人童の密かに立ち聞けば、殿は受領に成り給ふ

治承年間（一一七七～八一）に成立したとされる『梁塵秘抄《りょうじんひしょう》』のなかの一首である。中国の神仙思想の理想郷、黄金に輝く蓬莱山《ほうらいさん》で、鶴と亀とがなにやら語り合っている。仙人に仕える童子がこっそり聞いてみると「うちの殿さまは受領に任じられたそうだ」と話しているのだった。吉祥イメージを連ねた先にある現世の最大の幸運とは受領になることだったのだ。これまでも受領たちは、摂関家や有力貴族に奉仕してきたが、院の権力が圧倒的となったいま、受領の持ち込む富はけた違いに膨れ上がり、都はバブル景気に沸いた。そこで富の受け手となる院は、過大な富をいかに消費するかを考えなければならない。商品

経済の気配も見えない時代に、この課題をこなすのは簡単ではない。

そこで富が振り向けられたのが宗教事業である。仏神への奉仕は批判の余地のない善であり、どこまでも拡大可能である。院が建立する堂塔は、人々を驚嘆させ、来世へのあこがれを誘う。院が営む仏事は、浄土の顕現と見まがうばかりで、人々は畏敬の念に打たれたであろう。慈円の述べた「王法仏法ハタガヒニマモリテ」という、互いに利益を与え合う関係が実現したといえよう。

仏法は、院が過剰な富を蕩尽《とうじん》する装置となり、また、院の独占的権力を実現するために、余剰となった天皇家男子は法親王として仏寺に送り込まれた。王法(院権力)が抱える現世の課題に解決策を提供し、仏法は無限の懐の深さを示したのである。ただし蕩尽が暴走すれば、その極限の表現型は戦争である。白河院の死後、都は次第にきな臭い雰囲気を増してゆく。

鳥羽院政

白河院崩御の後は、鳥羽院が院政を敷いた。白河の長期政権で「院政」という政治方式は人々に受け入れられ、鳥羽が踏襲したことによって、すっかり定着することになった。鳥羽院もまた「天下を政するは上皇御一人なり」として、政権の頂点に立ったのである。これは『長秋記』保延元（一一三五）年五月一日条にみえる言葉だが、その文脈は、天下静謐《せいひつ》のために「公家《こうけ》御慎《おんつつしみ》」が必要であるという天文博士らの意見を聞いた記主の源師時《もろとき》が、「御慎」の主体は天皇ではなく、政務をとっている鳥羽院であろうと述べたというものである。「公家」とは政権の主体となる朝廷や天皇を指す言葉だが、院政のもとでは院が「公家」を体現すると考えられていたことになる。

院政は、子・孫世代を管理する父院と、管理を脱して独自の構想を実現しようとする子・孫との限りない葛藤としての側面を持つ。鳥羽院の政策の基調には父白河院への反発、あるいは父が敷いた路線からの転換が見られる。白河院が晩年に発した殺生禁断令の廃止、摂関家の藤原忠実の復権、忠実の娘勲子（泰子《たいし》と改名）を皇后に迎えたことなどである。

また鳥羽院は近臣として藤原家成《いえなり》を重く用いた。家成の父家保《いえやす》は白河院の寵臣で、諸国の受領を歴任し、白河院の院庁《いんのちょう》別当《べっとう》（院の家政機関の上位の役職）として活躍した。家保の母（藤原経平《つねひら》の娘）は堀河天皇の乳母《めのと》、妻（藤原隆宗《たかむね》の娘、家成の実母）は崇徳天皇の乳母を務めるなど、内廷との関わりも深い家柄である。父家保と嫡男の顕保は白河院にとりたてられたが、三男の家成は早くから鳥羽院に仕えており、白河院崩御の直後に鳥羽殿《とばどの》の預《あずかり》に任じられている。

鳥羽殿は平安京の南部に造られた離宮で、白河院が建設を始めて以来、歴代の院が拡張や増築を繰り返してきた。鴨川・桂川が合流して淀川となる交通の要衝《ようしょう》に位置し、風光明媚な遊興の地であるとともに、院政の重要な拠点として機能した。その預として運営を任されるのは院の厚い信頼を得ていることを意味する。前出の源師時は「天下のこと一向家成に帰す」(『長秋記』大治四年八月四日条)と記し、ついでに内心不満であることもつけ加えたのであった。

女性をめぐってもあらたな展開が見られる。長承二(一一三三)年の忠実の娘泰子の入内は、彼女が三九歳という当時としては異例な高齢だったこともあり、過去に失敗した事態の回復、忠実との関係の強化という狙いが大きかったと思われる。その翌年に、鳥羽が自ら選んだ寵姫としてあらわれるのが藤原得子《とくし》である。白河院の近臣だった藤原長実《ながざね》の娘で、前出の家成の従姉妹にあたる。彼女の周囲には、家成をはじめとする近臣勢力が形成され、白河院が鳥羽院に与えた璋子(女院宣下を受けて待賢門院となる)のグループとの間に競合関係が生まれた。

摂関家と諸大夫

鳥羽院と得子との関係は、正式な婚姻儀礼を経ずに、既成事実を積み重ねる形で深まったものだった。得子は保延元（一一三五）年に女子を出産、この子は叡子《えいし》と命名されて内親王宣下を受け、得子もその生母として従三位に叙せられた。もはや内縁関係ではなく、彼女も公式の地位を得たといえる。保延三年には暲子《しょうし》内親王（のちの八条院）、同五年には躰仁《なりひと》親王を産み、得子の権勢は次第に璋子（待賢門院）を凌ぐようになった。

永治元（一一四一）年、鳥羽院は崇徳天皇に譲位を迫り、得子の産んだ躰仁親王を即位させた（近衛天皇）。同時に国母であることを理由に、得子は皇后に立てられた。上皇の妃が立后するのは極めて異例で、鳥羽院がいかに彼女を優遇していたかがわかる。一方で摂関家の藤原頼長《よりなが》（忠実の息子）は、その日記『台記《たいき》』のなかで「諸大夫《しょだいぶ》の女」である得子に拝礼するのは不満だと記した（康治三年正月元日条）。諸大夫とは、摂関家に仕える中級以下の家柄を指す語で、このような実務を支える貴族層が院の近臣としてとりたてられ、受領に任じられて財力を蓄え、政治の中枢に進出してきたのである。

天皇とのミウチ関係から独立して、摂関家は朝廷における頂点の家格を確保したが、その背後では貴族社会の再編が進行中であった。渦中にいる当事者にとっては、再編というより混乱・無節操と映ったとしてもしかたない状況だったであろう。

内乱への始動

摂関家は、忠実が復権したものの、内部には亀裂が生じていた。近衛天皇のもとで摂政は引き続き忠通が務めていたが、忠通と、二〇歳以上も年の離れた弟である頼長との関係がむずかしくなっていた。忠通は長く子に恵まれず、頼長を養子として破格の昇進を遂げさせていた。ところが四七歳のときの基実《もとざね》を皮切りに、次々と男子が生まれたために、忠通と頼長および頼長に肩入れする父忠実とのあいだに確執が生じたのである。忠実は八五歳まで長生きしたわりには、男子は忠通と頼長のみで、忠通もなかなか男子を儲けられないなど、頼通以来の摂関家の後継者問題は、またも躓《つまず》きの石となった。近衛天皇への入内をめぐって、美福門院に接近した忠通と、頼長・忠実とは対立を深める（系図6参照）。

忠実は忠通に対し、頼長に摂関職を委譲するよう再三促したが拒否されたため、久安六（一一五〇）年九月、ついに忠通を義絶した。氏長者の地位や摂関家の資産を強引に取り上げ、頼長に与えた。摂政・関白の地位と異なり、藤原氏を束ねる氏長者の決定権は家父長権に属し、忠実の一存で左右できるという理屈である（『台記』九月二六日条）。さらに翌年正月、鳥羽院は頼長に内覧の宣旨を与えたため、忠通の関白と頼長の内覧が並立するという異例の事態となった。鳥羽院は「関白は、天皇に不孝のお手本を示している」（『台記』久安七年正月一〇日条）と忠通を批判し、頼長を擁護する姿勢を見せたのである。父権によって成り立っている院政のもとでは「不孝」は最大のタブーにちがいない。ただし忠通の側では、父への不孝よりも天皇への不忠を恐れるという理屈を述べ立てた（『愚管抄』）。結局、血縁や血統に依拠する限り、骨肉の争いを避けることはできなかったのである。

鳥羽院崩御

久寿二（一一五五）年、近衛天皇が一七歳で急死した。崇徳院皇子の重仁《しげひと》親王が有力な後継候補であったが、採用されず、鳥羽院の第四皇子で待賢門院所生の雅仁《まさひと》親王が践祚して後白河《ごしらかわ》天皇となった。雅仁の第一皇子の守仁《もりひと》親王が美福門院の養子となっており、もともとは守仁を即位させるという案が浮上していた。だが天皇の経歴がない者の皇子が即位した例はなく、とりあえず父の雅仁を中継ぎに立てたのだという。「学生《がくしょう》抜群」の評判が高く、有能な政治家として鳥羽院の信頼を得ていた藤原信西《しんぜい》の妻が、雅仁の乳母を務めていたことも、彼を有利にした要因だったらしい。

当の後白河天皇は、自他ともに認める即位の見込みのない皇子で、気楽な立場をいいことに今様《いまよう》に夢中になっていた。今様とは、文字通り当時の世相を映した俗謡で、遊女や白拍子《しらびょうし》などの芸能者が歌って流行していたものである。前に紹介した『梁塵秘抄』は、後白河の主導による今様の集成であり、その序文には彼が昼夜を問わず練習に明け暮れ、常軌を逸するほどのめりこんでいたと記されている。

当時の天皇家においては、後ろ盾の弱い皇子女たちを庇護するほかに、権力維持のための保険をかけたり、資産の相続を狙う等の目的で、養子・養女の関係を結ぶことが多く行われていた。政治的力関係と、実の親子・養親と養子等の関係が絡み合い、トリッキーといえるほどの複雑な関係がはりめぐらされていた。だが、どれほど計算しても、生命力の問題が絡む以上、予想通りにはいかないものである。

佐伯智広氏は、鳥羽院政期に待賢門院流と美福門院流とに皇統が分裂する問題が生じていたと指摘している（『中世前期の政治構造と王家』）。前者は白河院の庇護を受けて崇徳を即位させ、後者は鳥羽院独自の政策のもとに近衛が即位しており、それぞれに近臣団や荘園群を確保していた。鳥羽は、成人した崇徳天皇との権力の二元化・政治的軋轢《あつれき》を避けるために譲位を促したが、崇徳を近衛の養父として処遇した（近衛は立太子の際には、皇太弟ではなく皇太子とされており、実際に崇徳と中宮藤原聖子《せいし》のもとで養育された）。近衛のもとに待賢門院・美福門院の両流の資産が一本化されるはずだったのだが、近衛が男子を残さず早世したことが想定外だったのである（系図7参照）。

鳥羽院・美福門院は、待賢門院流の勢力を自らの方に還流させるために、複雑な養子関係を結んでいた。近衛を崇徳の養子とし、後白河の息子を美福門院が養子としたほか、待

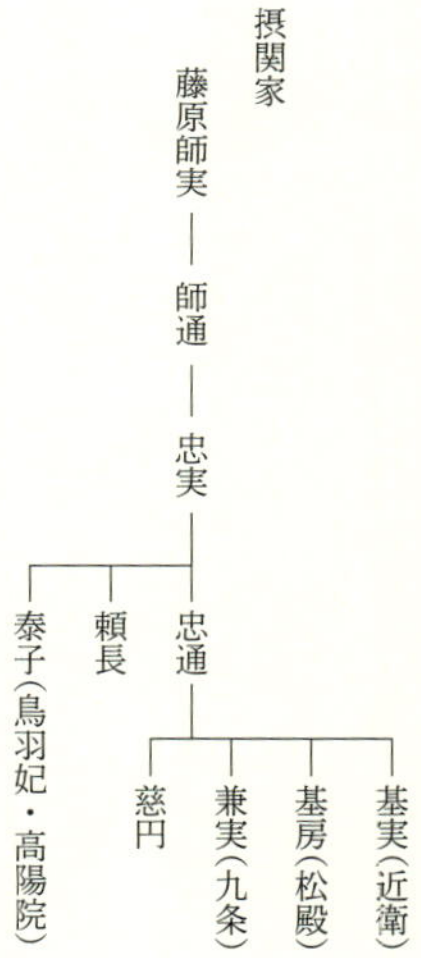

系図６

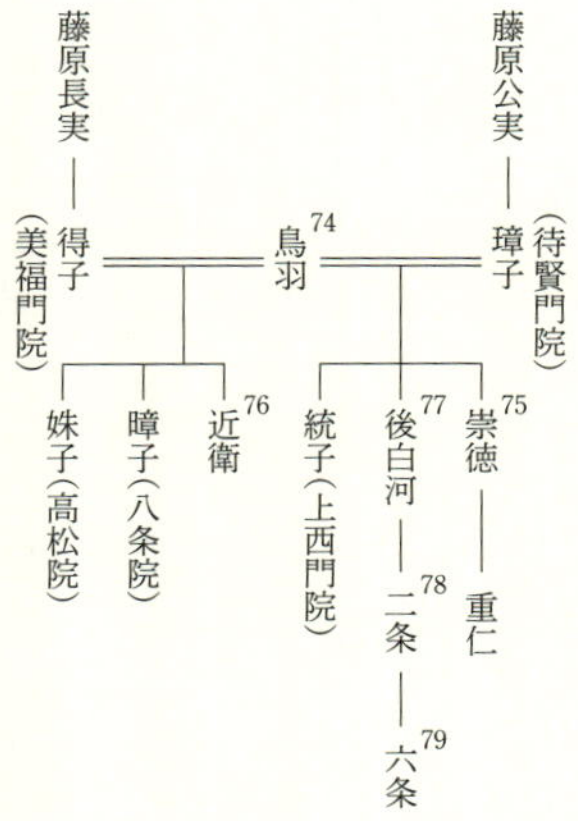

系図7

賢門院の皇女統子《とうし》内親王（のちの上西門院）は美福門院所生の姝子《しゅし》内親王を養女としていた。後白河はいささか頼りないものの、二九歳という年齢から、崇徳の影響力に対抗可能と見込まれるうえに、母は待賢門院・息子は美福門院養子として両流と関係を持っているために、次期天皇として必要な条件を満たしていると考えられたのだという。

後白河の即位に際しては、藤原頼長に内覧の宣旨が下されず、彼の政界からの排除は決定的となった。忠実・頼長父子が呪詛したために、近衛天皇が亡くなったという噂もあって、彼らは追いつめられていたといえる。保元元（一一五六）年、鳥羽院が重病に罹《かか》り、事態は一気に険悪化した。「保元元年七月二日、鳥羽院ウセサセ給テ後、日本国ノ乱逆ト云コトハヲコリテ後ムサ（武者）ノ世ニナリニケルナリ」と『愚管抄』が記した事態がついに現実となった。鳥羽院の死を契機に世の中が乱れ、武士が社会の主役となる時代が訪れたのである。

第五章　院政の構造

天皇と院

律令制において太上天皇の地位は天皇に準ずるものとされ、その政治的立場についても、潜在的には天皇と同等の大権を持っていると考えられていた。さらに天皇に対する父権をも有していることから、「太上皇はこれ天子と儀同事なり」（『長秋記』大治四年七月八日条）、「遜位《そんい》の後、なお朝務を聞くは自然のことなり」（『山槐記』治承四年七月二九日条、「遜位」は譲位のこと）などの通念は根強かった。したがって「院政」という方式は中世になって始まったわけではないのだが、白河院が主導する強力な院政は、徐々に制度上の整備を進め、その結果として政治決定の手続きを変え、貴族社会の再編を実現した。さらにわが国の前近代史を考えるうえで大切なのは、院政が一般化したからといって、それ以前の方式が捨てられたり忘れられたりしたわけではないという点である。

貴族政治において、政務と儀式とは一体不可分の関係にあり、儀式とは別に政治があったと考えること自体、一種の錯覚であるという土田直鎮《なおしげ》氏の指摘（「平安時代の政務と儀式」〈講演〉）は〝至言〟として名高いが、政治にいちいち儀式が伴うという煩雑な手続きでは現実をさばききれなくなった時代が中世だといえる。多様な勢力の勃興と対立、しかも各勢力が武装し、武力の行使が現実化した状況下で、増加する事案を速やかに裁断するためには、緻密に構成された事務機構を通す（しかも儀式的手続きを踏みつつ）よりも、専制的な判断主体を登場させるほうが合理的だった。

一方で一体化した政務と儀式は、天皇のもとで維持される。もちろん現実的効力は薄れ、空洞化するので、朝儀作法の維持・継承のために、先例を蓄積し研究する有職故実と呼ばれる研究分野が形成される必然性があったのである。

現実に対処するための政治的判断や権力は重要だが、それだけなら他の政権によっても代替可能である。朝廷＝公家政権の独自性は、権力の背後に、儀礼や行事等の秩序の構想を持っているところにあり、これが維持されていなければ、武家政権の出現によって容易に消滅していただろう。

院庁

太上天皇の略称が上皇だが、通常、上皇は「院」と呼ばれていた。上皇の居所を「院」というので、次第に「院」が上皇その人を指す語として用いられるようになったのである。そして上皇のために庶務を処理する事務組織が院庁《いんのちょう》である。院庁の体制は平安時代以降次第に整備され、とくに寛平九（八九七）年に宇多天皇が譲位し、三〇数年にわたって上皇としてとどまったために拡充が進み、その後、円融上皇の時期には主要な役割はそろっていたという。もちろん白河・鳥羽以降、院の権力が増すにつれて、院庁も強化されたが、大きく変質したわけではない。

院庁の構成員を院司《いんし》と称し、別当《べっとう》・判官代《ほうがんだい》・主典代《しゅてんだい》等から成り、ほかに殿上人・蔵人等の近習《きんじゅう》がいる。別当は公卿や弁・近衛中将などの上級〜中級の貴族、判官代は四位〜六位程度の者、主典代は殿上人にはなれず（宮中の殿上間に上がる資格を与えられない）地下《じげ》にとどまるため地下官人と呼ばれる下級の官人がつとめる。主典代の下には庁官・公文《くもん》等が属し、院庁の実務部門を形成する。主典代以下の部分のみを「院庁」と呼ぶことも多い。さらに別納所《べちのうしょ》・仕所《つかえどころ》等の「所」や文殿《ふどの》・御厩司《みまやつかさ》等のさまざまな役目を分担する機関と、武者所《むしゃどころ》・御随身所《みずいじんどころ》の護衛を担当する部門がある。護衛については、白河院が北面武士《ほくめんのぶし》を創設し、本格的に武士を導入した。彼らは院御所の北面に伺候して院内外の警固《けいご》にあたり、必要に応じて院直属の武力として活躍した。

院の側近として政務に大きく関わったのは、主に別当を務める者たちだが、院の権力と比例して、別当に名を連ねる人数は増えていった。そのため別当のなかでも主導的な立場の者が執権《しっけん》・年預《ねんよ》・執事《しつじ》等の役に選任されることになった。

政治決定の手続き

朝廷＝公家政権の構成員の地位は、大臣・大納言・中納言等の官職と一位・二位等の位階という二つの要素によって決まる。一位〜三位は正一位と従一位のように正・従に分かれ、四位〜八位は正・従のそれぞれに上下の区別があって四段階に分かれる。これらの位階と官職との対応関係には決まりがあり、歴史辞典・古語辞典の類には縦軸に官職、横軸に位階をとった「官位相当表」がつけられていることが多い。朝廷に出仕する者は、いずれも位階と官職から成る座標のどこかに位置付けられており、それに従って席次や礼式などが定められる。後にこれらの官位（官職・位階）は社会の広範な層に銭貨で売られるようになるが（売位・売官）、多くの人にとって官位制度と秩序感覚とは分かちがたく結びついていたようである。

　位階が三位以上、官職が大臣・大中納言・参議の者を公卿《くぎょう》と総称し、政治的な判断は、これらの公卿による会議（議定《ぎじょう》）で決定されること

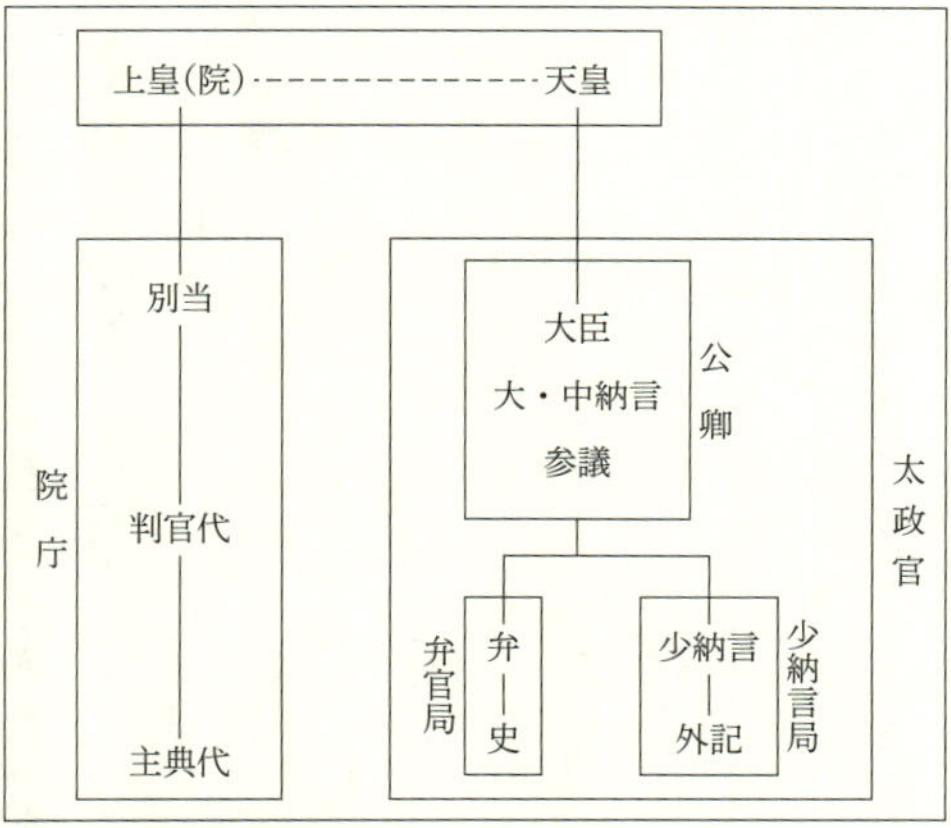

太政官と院庁の関係図

になっていた。したがって（前頁、「太政官と院庁の関係図」参照）政治的発言権を確保しようとすれば、現任公卿の座にとどまらねばならず、誰もができるだけ長くその地位を守ろうとした。前述のとおり、道長の息子たちは長生きだった。後冷泉天皇治世の最後の時期である康平六（一〇六三）年を例にとると、関白頼通七二歳・左大臣教通六八歳・右大臣頼宗七一歳・権大納言能信六九歳・同長家五九歳と、この兄弟だけで要職を占め続けてきたことがうかがえる。摂関家の子息は比較的昇進が早いので、そのうえに長生きされたら、他家の者が昇ってくる余地はなくなってしまう。

ところが院政のもとでは、より自由な体制が実現する。内裏で開かれる議定よりも、院の御所での会議のほうが実質的な決定権を持つようになったのである。後者は、院の指名する者で構成され、前官（前大納言など、すでに官職を退いた者）の公卿や、より身分の低い者も加わることができた。さらに「夜の関白」と呼ばれた白河院側近の藤原顕隆《あきたか》のように、院のもとに自由に出入りして意見を述べ（顕隆は夜間に院と密談することが多かったという）、政治を左右する者もいた。院との個人的関係を深めることが重要になり、院司に任じられることも、もちろん大きな意味を持ったのである。

貴族社会の再編と家格の形成

前述のとおり、院政は直系男系継承の論理で成立し、権力を支える体制は、政治的には院司その他の院のもとに形成される近臣団によって、血統的には院が選ぶ女性たちによって担われた。貴族政治を主導する摂政・関白の地位は、天皇の外戚（ミウチ）の立場とは関係なく、藤原道長の直系の家系の者が任じられることとなった。摂関家という家格の成立である。そして摂関家を頂点として、貴族のイエが序列づけられ、新しい秩序が形成されることになる。

院との関係の遠近によって権力の大小が決まるようになると、現任公卿として議定に参加する必要性は後退する。頼通兄弟のように現役でいることに執着する必要がなくなるので、各役職における在任期間が短縮化する傾向が生まれる。その結果、役職の流動性が高まり、より多くの者が高位の役職に就けるようになったのである。

院の近臣として活躍した人々には、藤原頼長が「諸大夫《しょだいぶ》」と蔑《さげす》んだような家系の出身者が多い。「諸大夫」という語は、もともと四～五位の階層を指す。彼らは蔵人や弁等の役職を経歴し、政務上の手続きや文書作成等の実務を担当してきた。院政下では、院に登用されて、その判断を助け、政策の実現に向けておおいに力を発揮したのである。

なかでも勧修寺流《かじゅうじりゅう》藤原氏の一流は有力で、藤原為房・「夜の関白」顕隆・顕頼などが輩出した（系図8参照）。彼らは老境になって、ようやく参議等に任じられることが多かったのだが、役職の流動化によってより早い段階で公卿に名を連ねることができるようになった。のちに勧修寺流は、弁等の文官職を経て中納言・大納言まで昇る「名家《めいか》」と呼ばれる家格の一角を占める。名家は朝廷の政治を実質的に支える地位を得るのである。一方で、もともとの出身が摂関家の家司《けいし》（家政機関の職員）を勤める家柄だったため、儀礼の際の作法や席次などについて格下の扱いを受けることがあり、後々まで政治的地位と家格に関する通念とのギャップにつきまとわれた。

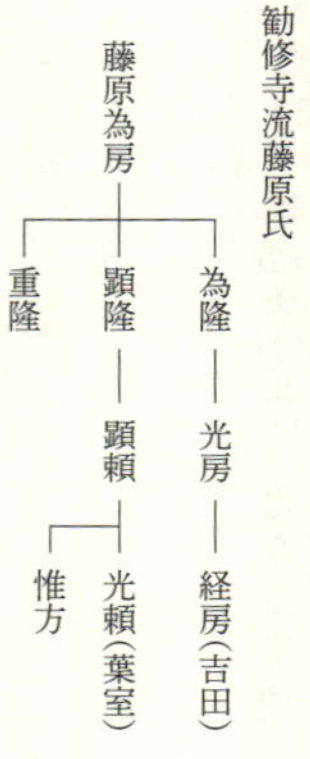

系図８

文官系の名家のほかには、近衛の大将や大臣まで昇る清華家《せいが》、近衛の少将・中将を経て中・大納言に達する羽林《うりん》家等の武官系の家柄が生まれた。朝廷における昇進ルートと家格との関係は次第に明確になり、固定化していく。同時に朝廷の役職は、家格維持のために経歴しておくべき指標と化し、職務の内実は失われていったのである。

受領から知行国主へ

受領（国司）が院の経済力を支え、大きな富を動かしたことは先述した。もともとは、朝廷の役職を務めて五位に昇進する（叙爵《じょしゃく》）と、受領に任命される資格に達したとされれる。除目で選任されれば任国に赴任し、四年間の任期のうちに経営・蓄財に励み、摂関家や公卿層に奉仕する。その対価として、再び受領の地位を獲得する（重任《ちようにん》）ことを目指したのである。一〇世紀末ごろからは、摂関家や有力公卿らが自身の家司を受領に任命し、積極的に家政に貢献させることも一般化した。諸大夫と呼ばれる人々は、これらの家司受領と階層が重なっていたため、院近臣として権勢を得、朝政の重職を占めても、折に触れて見下されるような目に遭ってきたわけである。

役職の流動化により、受領を担っていた階層の昇進が迅速化し、公卿に名を連ねるようになると、格が高くなりすぎて自身が受領の地位に就くのはふさわしくないということがおこる。そこで代わりに年少の息子や縁者などを受領の地位に据え、背後で実権を握るようになった。この傾向は白河院政の後期ごろから進行し、知行国《ちぎようこく》と呼ばれる制度として定着していく。

知行国とは、諸国の知行権（国務）を握る知行国主を設定し、自由に国司を任命させて収益を得させる仕組みである。知行国主となった者は、子弟や縁者、家司等を国司に任じて経営を行わせる。一二世紀半ばには、院宮（院・女院・皇后・東宮等）に特定の国の国司の推薦権を与えていた院宮分国制と結びついて、院や女院等も知行国を持つようになった。知行国主の持つ知行権、あるいは知行国主の担う国務とは、国司の任免権をはじめとして、政務の執行権・経営権・徴税権等々、当該国に関わる職務・職権と利益の総合体であり、諸国支配の「職《しき》」化（職務・職権と利益が一体化しているという意味での利権化）ということができる。

知行国制の成立によって、中央と地方を結ぶ行政手続き——中央と諸国とのあいだを多種類の文書や帳簿、連絡業務等で結び、審査・管理する方式——は放棄された（ただし、他の伝統的な政務と同様、儀礼化した形で踏襲はされた。たとえば地方の実情を聴取して裁定する「諸国条事定《じょうじさだめ》」の際に、諸国から提出される文書は、中世を通じて同じ文言が使いまわされた）。本来の手順には、多くの役所が関わり、多くの役人の手を経ることによって、裁可の公正を担保し、過誤や遺漏を防ぐ意味があったが、円滑に運用するにはあまりにも煩雑だった。地方支配は院の手もとで皇族・貴族の有力者らに分配される利権と化し、請負的に運営されるようになった。院は政治を動かし、人事を自由にしただけでなく、富の分配権をも一手に握ったのである。

荘園の立券と院権力

諸国支配が知行国の制度に落としこまれる一方で、荘園の開発・設立は進行していた。荘園整理とあらたな荘園の立荘とは必ずしも対立せず、天皇家・貴族諸家および大寺社の財源は、封戸から中世的荘園へと移行していった。白河院政の後期から院庁下文《くだしぶみ》による領域型荘園の認定が導入され、鳥羽院政期にはこの方式の立荘例が激増する。知行国制度によって、院の手許で諸国支配の権限が分配されるのと歩をそろえて、同じく院が認可する荘園の新立による広大な領域の囲い込みが行われた。

国単位で考えれば、国衙《こくが》(国支配の拠点となる役所)配下の公領の確保と荘園領域の分離であり、全国単位でみれば、政権執行部による国土の分節と分配であった。院のもとで全国が、既存の耕作地を中心に公領と荘園に分節され、前者には知行国主―国司―目代、後者では本所―領家―預所―下司などの多層的に連なる利権が設定された。分節という語を用いたのは、単純な支配権の分割ではなく、地域の創出という意味も持ち、そこには多元的・多層的な利権の構造(職の体系)が内包されているからである。

そこで少し後年のものになるが、立荘の事情がよくわかる例として、備後国大田荘をとりあげてみよう。同荘は次の後白河院庁下文によって成立した(一二五〜一三一ページ図版参照)。

(端)「正文兵部卿に進め罷了、取継左衛門尉季貞」

案

院庁下す　備後国在庁官人等
早く尾張守平朝臣重衡の寄文にまかせ、御領として四至を堺し牓示を打ち、使者・国使相共に立券言上すべき、大田ならびに桑原両郷荒野山河等の事
在管世良郡東条内
四至〈東は限る矢田堺、南は限る西条堺、西は限る羽賀山、北は限る小童堺〉
使
右、彼重衡今月　日の寄文にいわく、くだんの所領荒野山川等は常常荒野なり。しかるに御勢を募りて開発せしめんがために、院御領に寄進せしむるところなり。御年貢においては、御馬・御牛の衣ならびに御厩舎人・牛飼等の衣服料六丈白布百端、毎年院庁に進上せしむべきなり。預所職にいたりては、重衡子孫相伝知行せしめんがため、寄進くだんのごとし。てえれば申請の旨にまかせて、御領として、四至を堺し牓示を打ち、立券言上すべきなり。年貢にいたりては、御馬牛衣ならびに舎人・牛飼等の衣服料六丈白布百端、毎年備進すべき也。預所職においては、重衡子孫相伝知行すべきの状、仰するところくだんのごとし。在庁官人よろしく承知し、違失すべからず、ことさらに下す。
永萬二年正月十日　　主典代散位中原朝臣
別当大納言藤原朝臣（花押）　　判官代下野守藤原朝臣（花押）

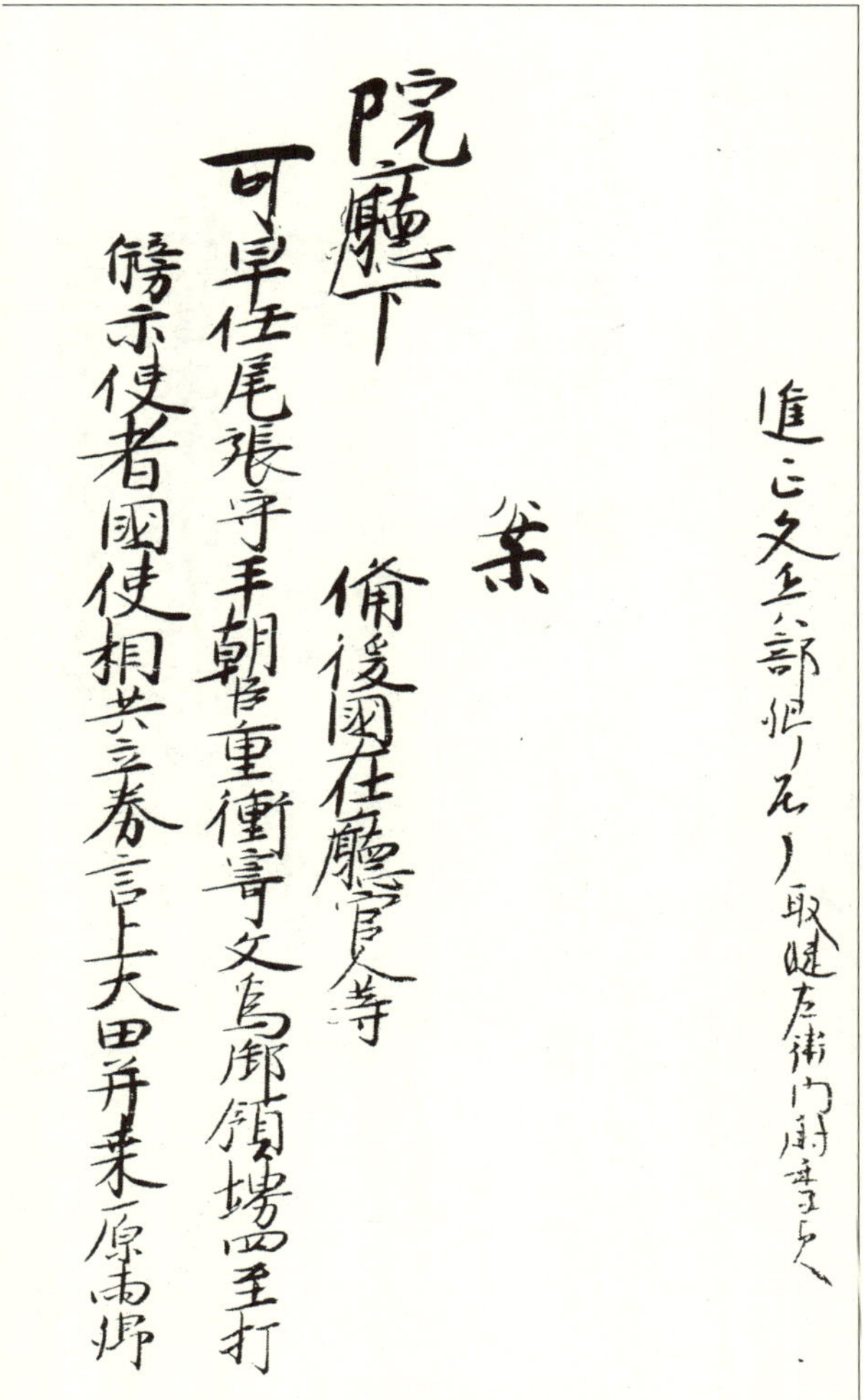
院庁下　備後国在庁官人等
可早任尾張守平朝臣重衡寄文為郷領堺四至打
膀示使者国使相共立券言上大田并桑原両郷

「丹生文書」（東京大学史料編纂所所蔵影写本）

荳野山河等事

在管安良郡東條内

四至　東限矢田堺　南限西條堺
　　　西限羽賀山　北限小壹堺

使

右彼重衛今月　日寄文偁件所領荳野山川等

常々荳野也而募御勢為令開發所令寄進

院御領也於御年貢者御馬御牛之衣并御厩

舎人牛飼等之衣服料六丈白布佰端毎年可令
進上院廳也至于領所職者重衡子孫相傳爲令
知行寄進如件者任申請旨爲御領堺四至打牓示
可立券言上也至于年貢者厩馬牛衣并舎人
牛飼等衣服料六丈白布佰端毎年可備進也云々
領所職者重衡子孫相傳可知行之状所仰如件
在廳官人宜承知不可違失故下

永萬二年二月十日主典代散位中原朝臣

別当大納言藤原朝臣

大納言源朝臣

権大納言兼春宮大夫藤原朝臣

権大納言兼中宮大夫藤原朝臣

権中納言兼右衛門督大宮権大夫平朝臣

判官代下野守藤原朝臣

前摂津守高階朝臣

甲斐守藤原朝臣

勘解由次官藤原朝臣

左衛門権佐藤原朝臣

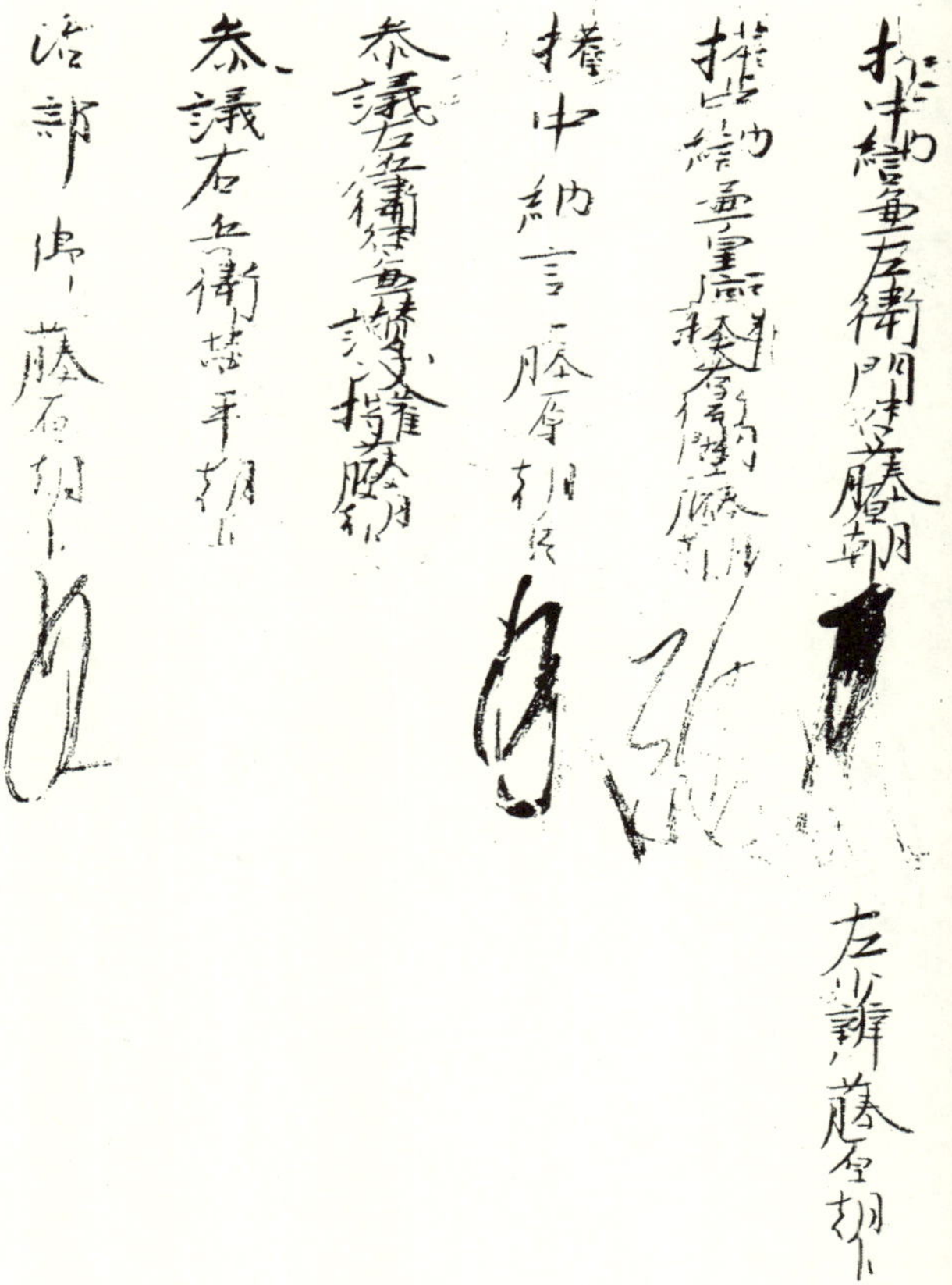
権中納言兼左衛門督藤原朝臣
権中納言兼皇后宮権大夫藤原朝臣
権中納言藤原朝臣
参議左近衛権中将兼讃岐権守藤原朝臣
参議右兵衛督平朝臣
治部卿藤原朝臣
左少弁藤原朝臣

従三位藤原朝臣

宮内卿藤原朝臣

前因幡守藤原朝臣

左京大夫兼中宮亮藤原朝臣

修理大夫平朝臣

造東大寺長官右大弁藤原朝臣

大納言源朝臣（花押）
権大納言兼陸奥出羽按察使藤原朝臣（花押）
権大納言兼中宮大夫藤原朝臣（花押）
権大納言兼兵部卿皇太后宮権大夫平朝臣
権中納言兼左衛門督藤原朝臣（花押）
権中納言兼皇后宮権大夫右衛門督藤原朝臣（花押）
権中納言藤原朝臣（花押）
参議左兵衛督兼讃岐権守藤原朝臣
参議右兵衛督平朝臣
治部卿藤原朝臣（花押）

前摂津守高階朝臣（花押）
甲斐守藤原朝臣
勘解由次官藤原朝臣
左衛門権佐藤原朝臣（花押）
左少弁藤原朝臣

従三位藤原朝臣（花押）
宮内卿藤原朝臣（花押）
前因幡守藤原朝臣
右京大夫兼中宮亮藤原朝臣
修理大夫平朝臣（花押）
造東寺長官右大弁藤原朝臣（花押）
左中弁藤原朝臣
右近衛権中将兼備前権守藤原朝臣（花押）

院庁下文は、院の命令を伝達するために院庁から発給される文書である。本文のあとに院庁の職員（院司）が花押を据える。上段に別当、下段に判官代が名を連ね、日下《にっか》（日付の下）には文書の作成にあたった主典代が署名する。院司の数は、院庁の規模および院の権力の大きさをあらわしている。

大田荘の領域

大田荘は現在の広島県世羅《せら》町の大部分を荘域とする。永万二（一一六六）年、この地域を後白河院の荘園とするために、院の使者・国衙の使者の立ち会いのもとに、「四至を堺し、牓示《ぼうじ》を打ち」、すなわち東西南北の境界を定めて標識（牓示）を設置することが行われた。中心となるのは大田・桑原の二つの郷だが、そのほかに「荒野山河等」が含まれる。永万二年二月に、上記の使者と同荘の現地担当者である下司・公文《くもん》とが、現地で領域画定を行っており、その際に荘内の田畑や住宅、権利関係等を記録した文書が残っている（大田荘立券写　高野山御影堂文書）。それによれば立荘時の見作田《げんさくでん》（耕作が行われている田）は三〇町八段余で、寺社領となっている田を除くと、収納可能な定得田《じょうとくでん》はわずか二一町六段ほどであった。これだけの耕作地を中心に、周囲の荒野山河を囲い込んで、院の権勢をたのんで開発を行いたいと願ったのである。

もともとこの地を開発したのは、さきの立券文に下司として署名している橘基兼・同親満の一族と思われる。彼らは在地の有力豪族で、権利を保持するために、西国に勢力を伸ばしていた平家に所領を寄進し、平清盛がそれをさらに後白河院に寄進したのである。永万二年正月から二月にかけて、まず立荘を承認する院庁下文が発給され、それを受けて備後国司が留守所《るすどころ》（京都にいる国司に代わって政務を行う国衙の政庁）に牓示打ちを命じ、さらに留守所から現地に宛てて同様の内容を命ずる下文が出された。

留守所下文は二月二四日付で、その月のうちに立券が実現しているのだから、速やか過ぎてほとんど不自然である。院庁や国司とのあいだで、あらかじめ合意が整っており、現地においても土地調査や境界画定の準備ができていたと思われる。さらに進んで、立券文の内容は、必ずしも現況を反映したものではなく、備後国衙に保管されていた国内の土地台帳（大田文）の内容を写しただけという推測も成り立つ。

いずれにしても、ここで大事なのは大田荘の範囲の画定で、三〇町余の耕作地を中心に、荒野山河を含む広大な領域をいちはやく囲い込んでしまったことだ。同地の住人らにとっての生活圏全体が、耕作地・非耕作地を問わず荘園として領域化され、本家である後白河院・領家（院庁下文のなかでは預所）の平氏、下司の橘氏その他の利権が設定されたのである。

大田荘は、治承・寿永の乱で平氏が滅びたために、文治二（一一八六）年、後白河院から高野山金剛峰寺に寄進された。同寺の勧進聖鑁阿《かんじんひじりばんな》は自ら大田荘経営の指揮をとり、建久元（一一九〇）年の段階では見作田は六一三町に達していたという（建久元年六月　鑁阿置文　高野山文書宝簡集）。平等院領の形成について述べた際にも触れたが、中世の領域型荘園とは、このように限られた寄進地や免田を基盤に、権力と結びつくことを通じて構造的転換をはかり、広大な地域全体を荘域に設定するものであった。政治的な交渉と文書上での操作によってとりあえず囲い込んだうえで、次の段階として開発や経営を推進し、耕作地を増やしていったのである。

院政期以降の荘園において、本家となり得たのは院・女院・摂関家および大寺社に限られている。院権力のもとで整序された家格秩序に応じて、本家の下に領家や預所等の多層的な所有関係＝職の体系が組織される。また荘園の立荘は一二世紀中・後期を中心に行われ、承久の乱後の貞応年間（一二二二～一二二四）には終熄《しゅうそく》する。すなわち院権力が最も強大だった時期に、領域型荘園による国土の分節は完了し、その後は各荘園内部での開発の進行や、領有関係の変更によるいわばマイナーチェンジが行われるのみとなる。このように成立した荘園の多くは、院や女院の御願寺《ごがんじ》等の所領として編成され、知行国との両輪体制で公家政権の財政を支えた。

全国の荘園および国衙配下の公領は、中世を通じて生産の基本、富の源泉であった。のちに政権を立てる武士たちにしても独自の体制を築いたわけではなく、既存の荘園・公領の支配体系の中に喰いこみ、そこから力を得て成長していったのである。

大田荘の年貢と経営体制

再度、後白河院庁下文にもどって、年貢の取り決めや支配の体制をみてみよう。本荘について寄進状を作成したのは平重衡《しげひら》であり、彼と彼の子孫が預所職《あずかりどころしき》を代々知行すると記されている。重衡は平清盛の五男で、後の治承・寿永の内乱時に南都焼き討ちを行って東大寺や興福寺を焼亡させた人物として知られている。だが永万二年の段階では一〇歳の少年である。当然、実務ができるはずはなく、その背後には、本文書の端書にみえる「兵部卿」、すなわち父親の清盛がいる。ちなみに重衡の身分は「尾張守」とあるが、これも七歳の時に任じられたもので、父清盛が知行国主として経営を主導し、重衡は名目だけの国司ということになる。

後白河院庁下文で定められている年貢は、六丈白布一〇〇端で、院の御料の馬や牛、またそれらの世話をする御厩舎人《みまやのとねり》（舎人は貴人に仕えて雑事を処理する者）や牛飼いのためのものとして、院庁に進納するのだという。この賦課を果たすことによって、重衡は大田荘の預所の地位を保証されるのである（ここでの預所とは、本家との相対的な関係でそのように称しているので、一般の領家にあたると考えてよいだろう）。要するに、院の御厩《みまや》に対して年貢を納める契約である。院御厩は鳥羽殿に付属する施設で、とくに武士にとっては重要な拠点となっていた。

それでは、大田荘と院御厩とはどのような関係だったのだろうか。年貢進納をめぐる交渉を伝える史料がのこっているので、検討してみよう。一四〇頁の図を見ながら、お読みいただきたい。まず嘉応元（一一六九）年一〇月一〇日に、院庁に年貢の「六丈白布百五端」を納めた送文《おくりぶみ》がある（嘉応元年一〇月一〇日　大田荘年貢布送文案　高野山文書又続宝簡集①）。これについて、一〇月一二日に平貞能《さだよし》が書状を出している。その内容は、年貢の布を院庁から受け取って、御厩舎人に与えたところ、規格が違う（本尺ではなく鉄尺《かねじゃく》によっている）という理由でつき返されたので、なんとかしてほしいというものである（②③）。この書状を受け取った中原基兼《なかはらもとかね》は、その日のうちに主馬判官平盛国《もりくに》に宛てて書状を認《したた》めた。六丈白布が院御厩から院庁に差し戻された件についての対応を問い合わせたのである。さらに基兼は一九日にも盛国に書状を送っている。この二～三年、今回と同じ規格の布が納められ、御厩もそれを受け容れてきたのに、今年に限って受け取れないとはどういうことかと訴え、重ねて指示を求めている（④）。

一〇月二一日にいたって、基兼は、またも盛国に宛てて書状を発した（⑤～⑧）。

今朝、入道殿（平清盛）のもとに参上したところ、源左衛門尉（季貞）を通じて仰せがありました。御厩舎人が今年に限って、大田荘が納めた布が本来の規格でないと訴え、受け取りを拒否しているのは不当だと筑前守（貞能）に伝えろとのことです。そこで、この仰せのむねを貞能殿にお伝えしたところ、お返事をいただきましたのでお送りします。なお、この貞能殿の返書はご覧になりましたら、お返しください。

その翌日、十月二二日には、基兼は源季貞《すえさだ》に対して書状を書いている（⑨）。

昨日仰せをいただいた大田荘の御年貢の布の件ですが、鉄尺を用いるのが本来の規格とのことですので、それについて御教書《みぎょうしょ》をいただけないでしょうか。その御教書を筑前守（貞能）にもお見せし、関係者とも交渉したいと思います。

同日付で、源季貞が盛国に宛てた書状ものこっている（⑩⑪）。

大田荘の御年貢のことは、昨日申し上げました。大蔵少輔（基兼）が参上したので、（とりついで）仰せを伝えました。今朝になって書状を寄越したので、御教書を書いて送りました。筑前守（貞能）にも伝えるようにとのことなので、連絡してください。ただし、大蔵少輔が自分で伝えると言っていましたので、そのようにするでしょう。筑前守も仰せに従うと思います。なお大蔵少輔の書状は、お返し申し上げます。

年貢布をめぐる交渉

嘉応元年一〇月、大田荘から院御厩に納める年貢の布をめぐって問題が起こった。関係する登場人物は、平貞能・中原基兼・平盛国・源季貞の四名、その背後には入道殿と呼ばれる平清盛がいる。平貞能は院御厩の案主（運営責任者）で、御厩舎人を束ねる立場にいる。中原基兼は院庁の年預（実務部門の統括者）である。年貢の布は院庁に納められ（①）、基兼を通じて御厩に送られた（②）。しかし御厩舎人らは布の規格が違う（本尺ではなく鉄尺によっている）とクレームをつけて、受け取りを拒否し、院庁に送り返した（③）。

この件について御厩案主貞能は、沙汰者《さたしゃ》義次という者を呼んで事情を聴いた。沙汰者とは、案主の下にいる御厩の現場責任者だろう。義次によれば、昨年・一昨年と院庁から送られてきた布について、規格が違うという不満が出ていたらしい。今回は納品の際に、御厩舎人の代表と思われる武廉という人物を立ち会わせて詳細を確認させたところ、武廉は「これは鉄尺だから受け取れない」として、布を院庁に返してしまったのだという。年貢布については、本尺（本来用いるべきものさし）ではなく鉄尺によって計られたものである点が問題になっていた。度量衡の統一がいきとどいていない状況では、米や麦を量る際に、どのような升を使用するかが紛争の種になるように、布の場合はものさしの種類が問われたのである。

さて、年貢布をつき返されて困った基兼は、平盛国に事情を説明し、判断を求めた

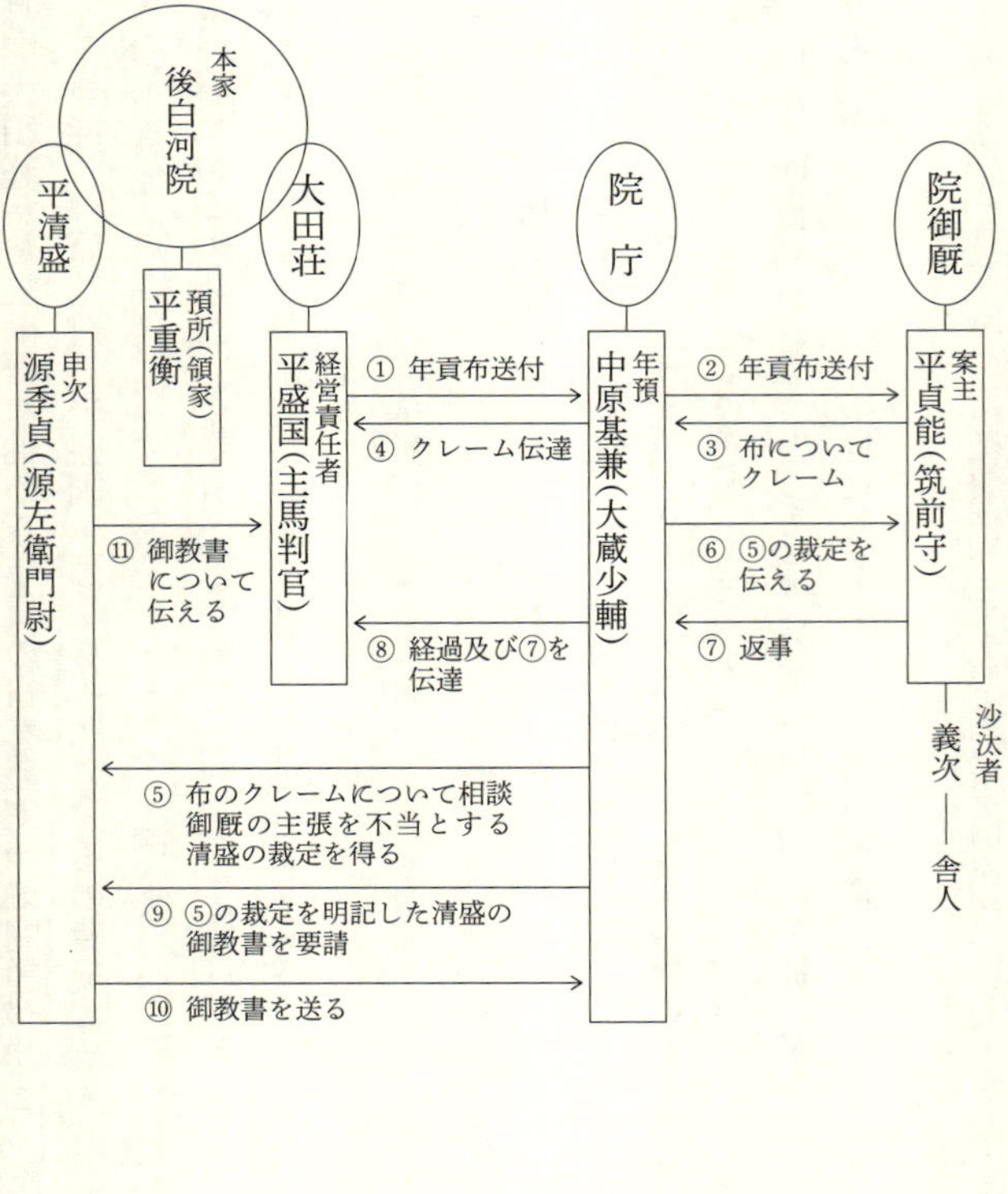
本家
後白河院
平清盛
大田荘
院庁
院御厩
申次
源季貞(源左衛門尉)
預所(領家)
平重衡
経営責任者
平盛国(主馬判官)
年預
中原基兼(大蔵少輔)
案主
平貞能(筑前守)
沙汰者
義次
舎人
① 年貢布送付
② 年貢布送付
③ 布について クレーム
④ クレーム伝達
⑤ 布のクレームについて相談 御厩の主張を不当とする 清盛の裁定を得る
⑥ ⑤の裁定を伝える
⑦ 返事
⑧ 経過及び⑦を伝達
⑨ ⑤の裁定を明記した清盛の御教書を要請
⑩ 御教書を送る
⑪ 御教書について伝える

(④)。基兼としては、院御厩は鉄尺による布を二～三年にわたって受納していたのだから、今になって不満を唱えるのは不当だとの考えだった。

盛国は、大田荘の経営責任者で、年貢納入を差配していたと思われる。だが盛国からはかばかしい返答が得られなかったらしく、基兼は自ら平清盛邸に参上し、側近の源季貞を通じて交渉した。清盛は基兼の意見に賛同して、御厩の対応は不当である旨を貞能に伝えるよう命じた（⑤）。基兼は、この内容を貞能に伝え（⑥）、貞能から返事をもらった（⑦）。基兼はこの間の事情を説明する書状とともに、貞能の返書を盛国に送ったのである（⑧）。ただし貞能の返書には、今後の院庁の対応に関して重要となる内容が記されていたらしく、一覧ののちは返却するようにと書き添えている。

一方で基兼は季貞に書状を書いて、「（大田荘の年貢布については）鉄尺こそが本尺であり、御厩の主張は不当である」旨の清盛の御教書を賜り、それを貞能に示して問題を決着させたいと述べた（⑨）。御教書とは主人の意を受けて、秘書役の者が執筆する文書の様式である。ここでは、季貞が清盛の命令を文書にまとめる役割を担っているのだろう。季貞は求められた御教書を作成して、基兼に送ったらしい（⑩）。あわせて季貞は盛国に書状を出して、御教書作成に関わる事情を伝えている（⑪）。

倉敷の確保と院庁下文

年貢布に関わるやり取りはここまでである。どのように決着したかは不明だが、鉄尺による布を容認する清盛の命令が出れば、御厩も従うしかなかったのではないだろうか。

大田荘には、この直後に尾道《おのみち》村を倉敷地《くらしきち》とし、尾道村ならびに斗張《とばり》郷の無主荒野を開発して所領に加えることを承認する後白河院庁下文が出された（嘉応元年一一月二三日　後白河院庁下文　高野山文書宝簡集）。倉敷とは、年貢を荘園領主のもとに輸送するための中継地であり、年貢を一時保管するための倉庫を構える場所である。大田荘は内陸部にあるため、年貢を京都に送るための積み出し港として尾道をおさえたのである。都への物流の拠点を確保して、同荘の開発・経営の前途は、ますます期待できるものとなっただろう。この措置により、年貢布は、これまでの一〇〇〇端のほかに五〇〇端を追加することが定められた。

上記の院庁下文に関して、中原基兼の書状がのこっている（一二月一日　中原基兼書状　高野山文書又続宝簡集）。

大田荘に所領を追加して開発する件について、院庁下文を進上します。このような下文は庁官に持参させるのが通例ですが、何かと面倒なので、内々に私からお送りします。同荘の牓示等のことも、先日お出でになってお尋ねになったので、私は昨日は西八条邸へ、また今夜は六波羅邸に参上してご相談しようとしたのですが、外出中とのことで、お会いできませんでした。使者については、ご命令に従って手配いたします。詳細は、お目にかかったときにお話しします。

院庁の実務責任者である基兼は、西八条邸・六波羅邸という平清盛の屋敷に頻繁に出入りし、案件に応じて当主である清盛や、側近らと連絡・交渉を重ねていた。当代の権力者である平家に関わる文書作成は、最優先事項として扱われた。この院庁下文の日下に署名している「主典代大蔵権少輔中原朝臣」は基兼であり、彼こそが下文の文面を定め、多く名を連ねる院司たちの花押をそろえて、文書を完成させる役割を担っていたのである。

文書ができあがれば、通常ならば院庁の下級職員である庁官が届けるのだが、ここでも平家は特別扱いで、基兼のもとから私的に送付するというやり方をとった。さらに追加した荘域の牓示打ちや使者派遣についても、平家側担当者と打ち合わせ、便宜を図ろうとしていた。前出の院御厩への年貢布の件についても、自身の管轄下にある御厩舎人の主張よりも、平家の意を迎えることを優先していたようにみえる。

院御厩の役割

では院御厩とはどのような組織だったのだろうか。大田荘立券に正当性をあたえたのは、院御厩への年貢納入であり、院御厩は院政を支える重要な要素だったはずである。

院御厩について、宮内庁書陵部編の『皇室制度史料　太上天皇二』は、以下のように簡潔に解説している。「御厩は御車および牛馬等を管して御幸に供奉するのを任とし、別当以下案主・舎人・居飼・車副等の員を置き、別当は御幸に際し、後騎を勤めるのが例であった。其の職掌上警衛にも関係して重視されたらしく、後三条上皇の頃より別当には公卿が任ぜられる例となり、源平争乱期には源義仲・同義経が相ついで院御厩の事を管掌したが、義経没落後は源頼朝の縁者一条能保が別途に補され、さらに親幕派の権門西園寺家の廷臣がこれを独占するにいたった」。厩として、乗馬や牛車を牽《ひ》く牛を飼養・管理するのはいうまでもないことだが、そこから派生して警護の役に関わり、さらに武士との関連が指摘されている。

院御厩の管掌については、木村真美子氏が、西園寺家所蔵の「御厩司次第」という史料を紹介しておられる（「中世の院御厩司について ── 西園寺家所蔵『御厩司次第』を手がかりに」）。「御厩司次第」は白河院以来の院御厩の別当・預と案主を列挙しており、御厩の管理者を総合的に示しているものとして重要である。院御厩の管理者は位階が五位以下なら

「預」と呼ばれ、四位以上に叙されて院別当となれば「別当」と呼ばれたと考えられるという。その下には案主が置かれて実務を担当した。

平家の人々は初期の管理者として登場している。平忠盛・清盛・重盛・宗盛・知盛が別当・預として見え、その下で平家貞・貞能父子が案主を勤めている。家貞は忠盛に近侍した「平氏第一郎等」（『顕広王記』仁安二年五月二八日条）、息子の貞能は清盛の「専一腹心者」（『吾妻鏡』文治元年七月七日条）だった。忠盛は『長秋記』に「鳥羽殿御厩預」とみえており（大治四年八月二日条）、院御厩は鳥羽殿に置かれていた。離宮鳥羽殿は前に触れたとおり、交通の要衝に位置し、ここに武力や運送に関わる拠点を持つことは大きな意味があっただろう。清盛が本拠とした福原や、瀬戸内海・九州、さらには大陸へと伸びる物流ルートの出発点として、鳥羽殿に置かれた院御厩は重要な役割を期待されたにちがいない。

平家の西走後、御厩預は源義仲、源義経と、入京して都の覇者となった者に受け継がれる。鎌倉幕府成立後も、一条能保《いちじようよしやす》のような親幕派貴族が別当となっており、院御厩の別当・預の地位は、京都における武家勢力の拠点として利用されていたと考えられる。承久の乱後には、一時的に北条泰時《やすとき》の預・三《み》浦泰村《うらやすむら》の案主という組み合わせで運営された。泰時の次には、幕府の意向を受けて西園寺《さいおんじ》実氏《さねうじ》が別当となり、以後、この地位は西園寺家に受け継がれる。案主を勤めるのは同家家司の中原氏で「景」を通字とする名を持つ人々でである。

院御厩は公家政権における有力武士の拠点としての役割を持ち、承久の乱によって武家政権の優位があきらかになったのちは、西園寺家がこれを管領した。西園寺家は、関東申次《かんとうもうしつぎ》として朝幕間の交渉の窓口を勤めるほか、朝政運営を財政的に支える役割も果たした。同家は知行国主として伊予国を継続的に支配し、瀬戸内海地域から九州にかけての荘園群を効率的に編成して収益をあげていたと考えられる。その荘園群へ向かう出発点となるのが、鳥羽殿の院御厩であった。

以上のように、院御厩は公家政権と武士との関係において、また公家政権の財政を支える拠点として非常に重要な意味を持った。その嚆矢《こうし》として位置づけられるのが、平家による院御厩管領と、院御厩への年貢納入を梃子《てこ》とする大田荘の立荘であった。平家が院政に楔《くさび》を打ち込み、権力を手にしていく過程の重要な一部といえるだろう。

大田荘関係史料の所在

平家の滅亡後、本家である後白河院は大田荘を紀伊高野山金剛峰寺根本大塔《こんぽんだいとう》領として寄進した。文治二（一一八六）年五月の院庁下文によって寄進、五月一〇日には勅事・院事・大小国役等を免除する太政官符も発給されている（宝簡集）。その後は勧進聖鑁阿の手によって高野山領としての充実がはかられていくことになる。

所有権の移管とともに、関係文書も後白河院のもとから高野山へと送られた。現在、同荘関係文書の多くは、金剛峰寺が大切に整理・保管してきた「宝簡集《ほうかんしゅう》」「続宝簡集」等の文書群の一部として伝わっている。だが金剛峰寺の手に渡る前、本家後白河院・領家（預所）平家時代に、同荘関係文書はどこで、どのようにして管理されていたのだろうか。

これまでみてきた書状の多くは「主馬判官殿」、すなわち平盛国に宛てられている。ほかに、御厩預の平貞能書状は宛所を欠くが、中原基兼宛と思われ、また基兼から源季貞に宛てた書状一通がある。ただし、これらの二通は、どちらも経緯を説明するために、貞能宛の書状に添えて送られたと考えることができる。大田荘の年貢布をめぐる一連のやりとりでは、自身の主張を書状に認めるだけでなく、関係する書状の現物を相手に送って、参照してもらうことが頻繁に行われていた。「筑前守（貞能）返事かくのごとし」などの一言とともに、自分宛にきた書状を盛国に転送したり、「この返事、ご覧ののちは返し給うべく候」と、返却を求めたりすることもあった。このように転送されたり、返しそびれたりしたものも、盛国のもとにのこったと考えられる。

平盛国は、清盛の側近として執事的役割を果したといわれる。保元の乱以来、戦闘で活躍するだけでなく、大事の際に大局的な視点に立った穏便な処理を心がけて、清盛の信頼を得ていた。養和元（一一八一）年閏二月、清盛が没したのは九条河原口の盛国の屋敷においてであった。その後の盛国は平家に従って西走し、捕虜となって鎌倉に連行されて、岡崎（三浦）義実《よしざね》のもとに預けられた。法華経を読誦し、食を断って、文治二年七月二五日に亡くなったという（『吾妻鏡』）。

大田荘は平家にとって重要な荘園であり、清盛の腹心たる盛国は、その経営を担当し、院庁への年貢の納入者として、一連の書状のやりとりに関わっていた。これらの書状のほか、立券に関わる国司庁宣や、尾道を倉敷地として認めた院庁下文等々の文書類は、盛国の屋敷に保管されていたものだろう。彼が平家一門に従って都を去った後に接収され、平家領の没官《もつかん》（没収）手続きとともに、大田荘関連資料として院庁で整理・保管されたと考えられる。

正文と案

上記のとおり、平家領としての大田荘に関わる文書のほとんどは、経営担当者の平盛国が保管していた。しかし、それらの源泉となる同荘の立券を認めた後白河院庁下文については、また別の事情がある。

再び一二五頁の永万二年正月一〇日付院庁下文の図版をご覧いただきたい。文書の端に

「正文は兵部卿に進め罷《まか》りおわんぬ。取継ぎ左衛門尉季貞」とみえ、さらに本文の最初に「案」と記されている。すなわち、この院庁下文は案文（写し・草案等）で、正文は兵部卿平清盛のもとに差し出され、その際の取り次ぎは源季貞だったというのである。季貞は、前の年貢布をめぐるやりとりでも清盛の申次《もうしつぎ》（来客等と主人との間で、互いの意向を仲介する役）として登場していた。彼は清盛の側近で、侍大将の一人でもあり、最後は壇ノ浦で捕虜となって鎌倉に送られた。その息子の宗季《むねすえ》は父に会うために密かに鎌倉に下り、頼朝に認められて鎌倉幕府の御家人になったという（『吾妻鏡』文治元年六月五日条）。

おそらく立荘の根拠を示す根本的な文書は、季貞の手を経て、領家で実質的な支配者である清盛のもとに送られ、そこで保管されたのだろう。大田荘の経営に関わる文書類は、担当者の平盛国が管理し、清盛は関知しないのが原則だったと思われるが、立荘に関わる院庁下文だけは別に扱われた。清盛邸には、平家領の立荘に関わる最も重要な文書が集められ、所領目録等が作成されていた可能性がある。だが都落ちの際に一門の屋敷に火が放たれたため、清盛邸の文書も失われてしまったのだろう。

それでは前掲の院庁下文はどのような性格のものだろうか。これは高野山金剛峰寺の鎮守社である丹生《にう》神社に伝来したものである。ただ、残念ながら火災で焼失したため、現在では東京大学史料編纂所・京都大学でそれぞれ作成された影写本《えいしゃぼん》（文書等を透き写しにし、原本の姿を克明に伝える写本）で見るしかない（ついでながら影写本は、写真撮影が手軽に行えない時代に、歴史史料を複製・記録するために盛んに作成されたものである。原本の焼失や所在不明等によって、今となっては影写本でしか確認できない史料も多い。研究上、大きな意義を持つだけでなく、それじたいが文化財として扱われるべき価値を持っているのだ）。

本文に続く院司らの署名の部分に注目すると、署名の下にそれぞれの人物の花押（書き判）が捺《お》されているのがわかる。普通は「案」といえば、下書きや、あとから作られた写しを指す。とくに写しの場合は、花押の部分には「在判《ありはん》」と記して、花押の存在のみを示すことが多い。しかしながらこの「案」は、最初に「案」の文字がなければ、正文と見分けがつかない。おそらく正文と同様に、名前のあがっている院司らのあいだを回って、花押を記してもらったのだろう。

院庁における文書保管

この院庁下文は副本というべきもので、正文と全く同様の手順で作成されたと思われる。正文ではないことをあきらかにするために、わざわざはじめに「案」と記し、さらに正文は平清盛に送った旨を注記したのである。

さて、中世文書あるいは中世社会には「文書はその内容をなす権利・利益の属する所に帰属する」（佐藤進一『古文書学入門』）という原則がある。それにしたがって、本文書によって権利を得る者は誰か考えてみよう。

まず挙げられるのは、大田荘の立荘に尽力し、預所職相伝の権利を獲得した平重衡や清盛である。この院庁下文は、重衡が提出した「寄文」（寄進状）をもとに成立しており、平家が主導して獲得した文書といえる。だが一方で、本文書は新規院領荘園の設立を述べているものでもあって、本家とされた後白河院および年貢の収納先となった院御厩にも新たな権利が生まれている。すなわち、一通の文書が二つのあらたな権利を保証する結果となっている。正文は第一の権利者である平家に帰属するが、第二の権利者たる院も副本を作成して院庁に保管したと考えられる。院から高野山金剛峰寺に大田荘の権利が移管されるにあたって、この副本が同寺に送られたのだろう。

院を本家として多くの荘園が設定され、成長していくなかで多数の院庁下文が発給された。権利の創出を証明する下文については、花押までを備えた副本が作成された可能性がある。そしてあらたな荘園は、院領荘園の一覧を示す目録に記載され、院庁において管理されたのである。

院政の構造

院政の継続は、朝廷政治の方法や貴族社会の構造を変える力を持ち、その変化は中世を通じて維持されることになった。逆にいえば、その変化によって中世社会の進む方向が規定されたのである。また、院の権勢を経済的に支えたのは、知行国と地域全体を囲い込む領域型荘園による国土の分節、すなわち荘園公領制の成立であった。

荘園の成立について、平家による備後国大田荘の立券の例をみてきた。後白河院を本家とし、年貢も院御厩に納めるという体裁をとっているものの、実は院御厩は平家の有力家人によって運営されており、院庁の年預も平家の意向を受けて行動していた。事務手続きや文書発給は最優先で進められ、大田荘がもたらす富は、平家関係者のもとに確保されたのである。さらに平家の関与を嚆矢として、院御厩は院政下における武士の拠点、院御厩の置かれた鳥羽殿は西日本経営の拠点として機能することになった。平家は院権力を利用して荘園を創出し、経営のための条件を固めていった。その方法がすばらしく巧妙だったことはあきらかだろう。

院政の継続と常態化は、院の権勢の賜物《たまもの》だったといえる。ただしこれまでの叙述でも明らかなとおり、すべての譲位した天皇が院政を敷けたわけではない。院政の主宰者となるためには、強靱《きょうじん》な生命力を持ち、運に恵まれることが必要だった。一方では、平家のようなあらたに胎動するエネルギーが収斂《しゅうれん》すべき核を探し、社会が構造変化を遂げるための拠りどころを求めて、院にさらなる権勢を注ぎ込んでいったのである。

院のもとへと集中し、蕩尽されていた富や力は、やがて戦乱へと姿を変える。

第六章　内乱の時代

保元の乱

保元元（一一五六）年、鳥羽院が重病に罹《かか》ると、崩御後の混乱を見越して、側近の藤原信西《しんぜい》・美福門院・関白藤原忠通らは有力な京武者（京都近郊に拠点を持ち、有力貴族らに仕えた武士）を動員し、鳥羽殿や内裏の警護を固めた。そして七月二日、ついに鳥羽院が没すると、崇徳院は遺体への対面も許されず（『古事談』）、摂関家の藤原忠実・頼長父子に対しては、軍兵召集の禁止が命じられ、本邸の東三条殿の没収がいいわたされた。

後白河天皇方は、源義朝《よしとも》・足利義康《あしかがよしやす》・平清盛らの有力京武者のほか、検非違使《けびいし》や衛府《えふ》・諸国司に動員をかけ、いわば国家的総動員体制を敷いていた。それに対して、崇徳院・藤原頼長方は明らかに出遅れており、源為義《ためよし》と息子の頼賢《よりかた》・為朝《ためとも》、源頼憲《よりのり》・平忠正《ただまさ》など崇徳や摂関家に仕えていた武士、いわば私兵を集めるのが精一杯だった。彼らは急激に追い詰められて、軍事行動へと誘導されたといえるだろう。

七月一一日早朝、平清盛・源義朝らの率いる六百余騎が、崇徳院方の拠る白河殿を急襲した。わずか数時間で崇徳方の敗北が決し、頼長は奈良まで落ちのびて死亡、崇徳院は捕えられて讃岐国に配流《はいる》とされた。摂関家では忠通が氏長者に復帰した。ただし藤原氏内部の地位である氏長者を、天皇が宣旨を発して任命するという形をとってのことである。藤原氏に対するあきらかな干渉であり、摂関家の地位は、またも低下した。

崇徳院方の武士は処刑されることになり、源為義を子の義朝が、平忠正を甥の清盛が斬首するなど、非常に厳しい結果となった。天皇の配流は天平宝字八（七六四）年の淳仁天皇の淡路配流以来、公家政権における死刑は、大同五（八一〇）年薬子《くすこ》の変での藤原仲成《なかなり》の処刑以来である。武士を中央政界に呼び込んだことによって、それまで陰謀や疑獄事件どまりだった政争は、武力衝突によって清算されるようになった。都を舞台とする、はじめての内戦を経験し、その苛烈な結末に貴族らは震えあがったにちがいない。

藤原信西の政治構想

保元元（一一五六）年閏九月、後白河天皇は七ヵ条の新制を公布した。そのなかには「そもそも九州の地は一人の有なり。王命のほか、いずくんぞ私威をほどこさん」という有名な文言が含まれる（『兵範記』閏九月一八日条）。自身の即位した久寿二（一一五五）年七月二四日を基点として荘園整理を命じた第一条の一部で、天皇による国土の支配——いわゆる王土思想を示して、政権の新たな出発を宣言したものである。

この新制を起草し、あらたな政策を主導したのが藤原信西（俗名は通憲《みちのり》）だった。彼は藤原南家の学者の家柄に生まれた。すぐれた学才は誰もが認めるところだったが、当時の政界で要職に就けるような家格ではない。彼は公式の出世を見切って、正五位下少納言の地位を最後に出家を遂げ、信西と名乗った。出家して家格や官位の枠を離れ、かえって自由な立場で後白河を支えられるようになったといえる。

信西は、天皇のもとに整合的かつ合理的な体制を作ることを目指していたと考えられる。記録所の興隆・大内裏《だいだいり》造営・朝廷儀礼の再興・京中整備を四本の柱として、政策を推進した。復古的と評価されることも多いが、天皇の権威を演出し、その再生を狙ったといってよいだろう。彼の緻密な頭脳にとっては、恣意的な院政の拡大は受け容れがたかったのかもしれない（恣意的な体制だからこそ、彼が政権の中枢にもぐりこめたのだが）。

なかでもたび重なる火災等で荒廃していた大内裏の再建は、信西の管理能力が最も生かされた事業だった。彼はまず担当の組織として、造内裏《ぞうだいり》行事所《ぎょうじしょ》を設置した。上卿《しょうけい》―弁―史という太政官の上意下達手続きの流れに即して担当者を定め、特定の業務に専従させるのが行事所《ぎょうじしょ》で、中世を通じて、重要な事業を実施する場合の運営方式となった。造内裏行事所は、諸国司や荘園に対する造内裏役の賦課や徴収にあたり、記録所との連携によって、荘園公領の秩序確定をも進めることとなった。信西は鮮やかな手腕で「ハタハタト折ヲ得テ、メデタクメデタク沙汰シテ、諸国七道少シノ煩《わずらい》モナク、サハサハトタダ二年ガ程ニツクリ出シ」たといわれる。自ら計算して必要経費を算出し、諸国にできるだけ少なめにと心がけながら負担を配分し、大内裏を完成へと導いたのである（『愚管抄』）。

信西は、これまで院のもとへとやみくもに運ばれていた富について、事情を整理し、地域による生産や物流等の条件を勘案し、適切に賦課をわりあてた。合理的な経営によれば、無理なく経費を調達できることを証明したのである。王土の富の総量は、もともと国王の権威を支えて余りあるものであった。ただ、無節操な収奪や非効率的な運用が紛争や疲弊を招き、おそらくは大量の無駄を生んでいたのだ。

信西は、政治の効率化に挑んだ最初の人物だったといえる。だが彼の方法は必ずしも理解されなかった。彼が効率化の先に目指すものが、「戦争」を上回る説得力を持っていなかったのだろう。限りない消耗戦から生産と成長へ——という課題は、中世の諸段階での戦乱や躓《つまず》きを経て、戦国大名による領国経営の段階になってはじめて明確に意識される。それもまた戦争と表裏一体の気づきだったのだが。

平治の乱

信西は、おそらく史上初めての全国規模での政治構想を持った人物だったが、推戴している人材が悪かった。もともと中継ぎとして立てられた後白河天皇は、予定通り守仁《もりひと》親王に譲位して二条《にじょう》天皇が誕生した。守仁を養子としていた美福門院が信西に強く要請し、

「仏と仏の評定」（落飾していた美福門院と信西との、出家者どうしの協議『兵範記』保元三年八月四日条）によって決定されたのだという。有能だが家柄や役職の裏づけのない信西、政治的信念に欠ける院に、後ろ盾の弱い天皇との組み合わせで、朝政は不安定であった。

後白河院は、あらたな近臣として藤原信頼《のぶより》を寵遇していた。信頼の父忠隆《ただたか》の妻栄子《えいし》が崇徳の乳母、忠隆の妹も後白河の乳母という縁があり、なによりも信頼自身が後白河と男色関係で結びついていたという。一方で信西は、俊才ぞろいの息子たちを多くの官職や知行国主に配し、政治・経済の両面で勢力を拡大していた。彼は、家格をはるかに越えた地位を望む信頼を阻止し、また保元の乱で戦功をあげた源義朝とも対立した。硬軟さまざまな理由により、院のもとで破格の立身を遂げた者どうしが、対立・競合する構図となったのである。

信西への反感を深めた信頼は、義朝を誘って武力行使の機会をうかがっていた。保元の乱以来、ますます力を増してきた平清盛が熊野詣に向かった留守を狙い、平治元（一一五九）年一二月九日、後白河院の三条烏丸《からすま》御所を襲う。かろうじて脱出した信西は、逃げ切れずに南山城で自害し、その首は都で梟《さら》された。信頼は後白河院と二条天皇の身柄を確保して覇権を握ったかに見えた。しかし急遽帰洛した清盛らが、二五日には天皇を脱出させ、信頼勢を追討したのである。

藤原信頼は「文にもあらず、武にもあらず、能もなく、また芸もなし、ただ朝恩のみにほこりて」(『平治物語』)権力を握ったお粗末な人物とされ、彼に与《くみ》して敗れた源義朝も「日本第一ノ不覚人ナリケル人ヲタノミテ、カカル事ヲシ出《いだし》ツル」(日本一の愚か者に従って、乱を起こしてしまった『愚管抄』)と嘆いたという。信頼が文字通り無能だったかどうかはともかく、少なくとも武士と結びつき、武力を行使することの重みを十分に理解していたとは思えない。平治の乱であきらかになったのは、平清盛率いる平家一門の力と、政権を維持するためには武士との連携が不可欠となった事実だった。

後白河院と二条天皇

信頼と戦うにあたって、清盛陣営はまず天皇を奪取することを考えた。信頼の政治力に不安を持つ貴族らと図って、女房の外出を装って二条天皇を平家の六波羅邸に脱出させたのである。その際に神璽や宝剣のほか、玄象《げんじょう》・鈴鹿《すずか》などの皇室に伝わる楽器、大刀契《たいとけい》(刀と符契《ふけい》)の唐櫃《からびつ》等、天皇の正統性を象徴する神器や宝器の類もまとめて持ち出した。これらをすべて確保すれば、清盛は官軍、信頼・義朝は賊軍というわけだ。

一方、後白河院はほぼ放置されていた。かろうじて天皇脱出が画策されていることを知らせた者があったため、自分も慌てて逃げ出すことにしたのである。向かった先は同母弟覚性法親王《かくしょう》のいる仁和寺で、院は殿上人の装束で馬に乗り、供奉する者もない御幸だったという（『平治物語』）。とりあえず仁和寺に入った後は、またも自力で六波羅にたどりつき、天皇に合流したのだった。

続いて藤原忠通も関白・氏長者の息子基実を連れてやってきた。基実は保元三年八月の二条天皇の践祚にあわせ、一六歳で両職を譲られていた。重職をこなすにはあまりにも若く、これもまた摂関家の権威失墜の理由のひとつであった。祖父の忠実が二二歳で父師通の急死に遭った際に、官歴や経験が十分でないために関白に就任できなかったのに比べると、関白の地位はあきらかに軽く扱われるようになっていた。

忠通・基実父子が来たことを知った内大臣三条公教《さんじょうきんのり》は、清盛に「関白がいらしたようですが、どうしますか」と問うた。清盛は迷うことなく「関白のことなどは問題ではありません。お出でにならないのなら、お呼びしなければならないでしょうが、いらしたならけっこうなことです」と言ってとりあわなかったという（『愚管抄』）。武力による制圧が第一の課題となる内乱時においては、天皇を旗印に立てれば十分であり、院も関白も不要だと清盛は判断したのだろう。

平治の乱に勝利した結果、平清盛は京都における武力の独占者となり、彼を味方につける者が政界を制するという情勢にいたった。永暦元（一一六〇）年六月、清盛は正三位の位階を与えられて公卿に列し、八月には参議に任じられる。さらに翌年、検非違使別当を兼ね、権中納言に任じられた。もはや武士は政権抗争の道具ではなく、公卿の一員として政治を主導する者となったのである。また平治の乱を通じて院の権威はかなり貶《おとし》められたが、その後の政局においては、清盛は後白河院・二条天皇のいずれにも配慮を欠かさず、「ヨクヨクツツシミテ、イミジクハカラヒテ、アナタコナタシケル」と伝えられる奉仕を実践した（『愚管抄』）。世間が院を軽んじる傾向をいましめ、後白河院を立てるように心がけたのだろう。政権を左右できる立場となったからには、無駄に波風をたてる必要はない。

白河・鳥羽と権勢を誇った院政は、この段階で節目を迎えたといえる。武士の権力を裏付けてくれる権威として、院と天皇のどちらが確実か。平清盛という、武力を背景とする新しい型の権力者のもとで、正統性の源泉としての院と天皇との優劣が問題となった。院政を主宰する院はたしかに強大な権力を掌握したが、あらためて原則に立ち戻れば、院の不在はあっても天皇の不在はありえず、天皇なくして院の権力は存在しない。武力で勝利した者が新しい体制を創出しようとするならば院はもはや必要ではないことを、清盛はあきらかにしたのである。それでは彼が率いる平家権力は、どのような内容を持っていたのだろうか。

平家の権力は、院政下での中央への富の集中が生み出した過剰と蕩尽の帰結としてあらわれた。蕩尽の最終形態である戦争の担い手であるとともに、過剰を生み出した受領の発展型だったと評価できる。受領と都との関係は、個別の国ごとの単線的な関係にとどまっていたが、信西は大内裏造営にあたり、全国の富を効率的に管理しようとした。信西の方法は机上の計算に基づいて成されたものだったが、平氏はそれを実体化したといえる。全国の半分を知行国として確保し、安芸《あき》国の厳島《いつくしま》神社を重要な拠点として瀬戸内海を押さえ、さらに九州、大陸へと向かう交易ルートを開いて日宋《にっそう》貿易を管掌した。その過程で各地の在地領主を配下に収め、全国の富や力を組織し回流させる体制を築いたのである。

平家はたしかに武力によって政権の主導権を握ったが、その本質は武力に傑出した全国規模の受領というべきもので、彼らの軍事組織も、強固な裏付けなく便宜的に結びついた利益共同体としての性格が強いと考えられる。中央政界においては、娘を入内させて天皇の外戚となるという、摂関政治と同様の方式で権力を固めようとした。源氏に滅ぼされることなく平家が権力を維持したとしたら、天皇を権威に戴き、諸国を武力と物流によって結ぶ政権が生まれていたかもしれない。

ただし政権として安定するためには構造的な転換が必要となっただろう。平氏政権の性格は、建築では三十三間堂（蓮華王院）、美術では平家納経《へいけのうきょう》に象徴的にあらわれている。前者は巨大ではあるが、建築としては既成の構造を長くつなげたにすぎない。後者は豪奢ではあるが、あまりに内向的なミニチュアでしかない。鎌倉幕府が、東大寺の再建に採用された大仏様《だいぶつよう》という新しい様式を獲得し、蕩尽の芸術に背を向けたことと比べると、旧来の世界観から脱することができていなかったのではないだろうか。

内乱期の思潮——似絵

後白河院の治世は、全時期が内乱に覆われているといっても過言ではなく、内乱の中で醸成された社会的思潮があったと考えられる。この点について、しばらく論じてみよう。院政期の文化を語るにあたって注目されるできごとのひとつに、人物の容貌・容姿を写実的に描く「似絵《にせえ》」の登場がある。平安期までは、呪詛《じゅそ》の道具として利用される可能性を怖れて肖像画の制作が避けられていた。「似絵」の流行は、呪術からの解放をあらわすと論じられているのである。

似絵制作の事情が分かる例としては、承安三（一一七三）年成立の、建春門院《けんしゅんもんいん》（平滋子《しげこ》。平清盛の室時子《ときこ》の妹で、後白河院の寵愛を受け、高倉《たかくら》天皇を産んだ）の発願による最勝光院《さいしょうこういん》御堂の障子絵をあげることができる。そこには建春門院の平野《ひらの》社行啓・日吉《ひえ》社御幸、後白河院の高野山参詣の図が描かれた。『玉葉《ぎよくよう》』によれば、障子絵全体を手がけたのは土佐派の絵師常盤光長《ときわみつなが》だが、供奉した公卿らの顔の部分だけは、似絵の名手である藤原隆信《たかのぶ》が担当して、面貌をそのままに写し取ったという。この記事の中で記主の九条兼実《くじようかねざね》は、自分がそれらの行事に参加しておらず、そこに描かれなかったことは「第一の冥加《みようが》」だと述べた。多くの人の肖像を含むために、これらの障子絵は通常は秘蔵されて、非公開だったともいう。当時の貴族にとって、肖像を描かれることへの抵抗感が根強く、描かれたとしても、軽々に人目に曝されるべきものではなかったことがわかる（承安三年九月九日・一一月七日条）。

似絵＝呪詛の道具説を唱えたのは、一九六二年の赤松俊秀氏「鎌倉文化」だが、近年では異論もあらわれている。伊藤大輔氏の『肖像画の時代』によってまとめておこう。個々人の容貌を写すことは、個性や特徴――多くの場合、欠点――を強調することを意味し、カリカチュアライズに通じる作業となる。理想化して描いたのでは、各人の差異があきらかにならないからである。一方、呪詛に利用する場合には、似ていることは必ずしも必要ではなく、人形《ひとがた》のように対象の代理と認定されるものであればよい。したがって、兼実が肖像を忌避するのは、個性の描写、すなわち容貌を批判的・諷刺的に把握されることを嫌ったからではないかと考えられる。

だが個人的な忌避感はともかくとして、「天子摂関御影《みえい》」のなかには兼実も描かれており、肖像画を全く否定するわけにはいかなかったらしい。すなわち、もはや似絵は個人の好悪とは別次元の、社会的で公的な位相にあった。似絵が行事絵とともに始まるのは、行事の公的性格と、その正統性を具体的に記録し、権力が作り出している社会秩序を視覚的に示そうとする作成者の意図があったからだというのである。

個人の容貌への興味

秩序や正統性の記録とするための似絵を包摂した儀式絵だけでなく、院政期には個人の容貌・容姿に対する興味、それを記録にとどめておきたいという意識も高まったのではないだろうか。白河院が寵妃の死に立ち会ったごとく、先例の遵守《じゅんしゅ》を超えた個人の意志の強調や、長期的な視点に立った時間感覚などが、その背景にあったのだろう。

似絵の手法によって近衛府の官人（随身《ずいじん》）の姿を描いた『随身庭騎絵巻《ずいじんていきえまき》』には、保元の乱で敗れた藤原頼長が男色の相手として寵愛した秦兼任《はたのかねとう》の肖像がみえている。美少年かと思えば、むしろ堂々たる偉丈夫《いじょうぶ》で、貴族社会における男色が、男性原理の内部で結束を強化する意味を持っていたことがうかがわれる。随身とは貴人の警護をする役割である。武

秦　兼任（『随身庭騎絵巻』、『新修日本絵巻全集26』角川書店）

官装束に身を固め、馬を駆ってつき従う男たちは、主人の権勢を体現する装飾であり、人々の羨望と感嘆を集めるスターだったといえるだろう。

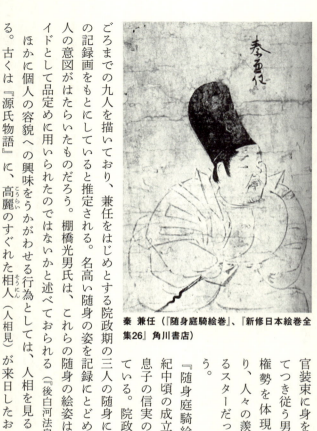

『随身庭騎絵巻』は一三世紀中頃の成立で、藤原隆信の息子の信実の作品と考えられている。院政期から鎌倉中期ごろまでの九人を描いており、兼任をはじめとする院政期の三人の随身については、過去の記録画をもとにしていると推定される。名高い随身の姿を記録にとどめようとする、主人の意図がはたらいたものだろう。棚橋光男氏は、これらの随身の絵姿は、一種のブロマイドとして品定めに用いられたのではないかと述べておられる（『後白河法皇』）。

ほかに個人の容貌への興味をうかがわせる行為としては、人相を見るということがある。古くは『源氏物語』に、高麗《こうらい》のすぐれた相人《そうにん》（人相見）が来日したおりに、幼い光源氏の人相を見させたと語られる。光源氏は天皇の子だという身分を隠していたが、相人は「帝になる相をお持ちだが、そうなると国が乱れるかもしれない」という見解を述べる。光源氏の父の桐壺帝《きりつぼ》は、この結果を聞いて彼を臣籍に下らせようと決断するのである。

鎌倉時代中期成立の説話集『古今著聞集《ここんちよもんじゆう》』は、徳大寺《とくだいじ》公継《きんつぐ》が播磨《はりま》から来た評判の高い相人に見てもらった話を載せる（二九九段）。「大臣の相をはします」との見立てで、その通り、のちに従一位左大臣に昇ったのである。公継自身も人相について勉強し、相当の腕前に達した。自分の顔を鏡で見て鑑定し、己の寿命がどれほどかなど、あらかじめ心得ていたという。

内乱と首

もっと物騒な話をしよう。連続する内乱のなかでは、敗者の首が日常の風景となる。もっとも有名なのは『平治物語絵巻』にくりかえし登場する藤原信西の首だろう。藤原信頼・源義朝の襲撃を受けて南山城に逃れた信西は、地中に隠れているところを掘り出され、首を掻き切られる。首は都に運ばれ、武士の長刀《なぎなた》に括《くく》りつけられて、藤原信頼の首実検を受ける。翌日、三条河原において検非違使の手に移され、見物人がつめかけるなか三条大路を渡されて、西の獄門に梟《さら》されるのである。絵巻は執拗に信西の首を描き、三条殿

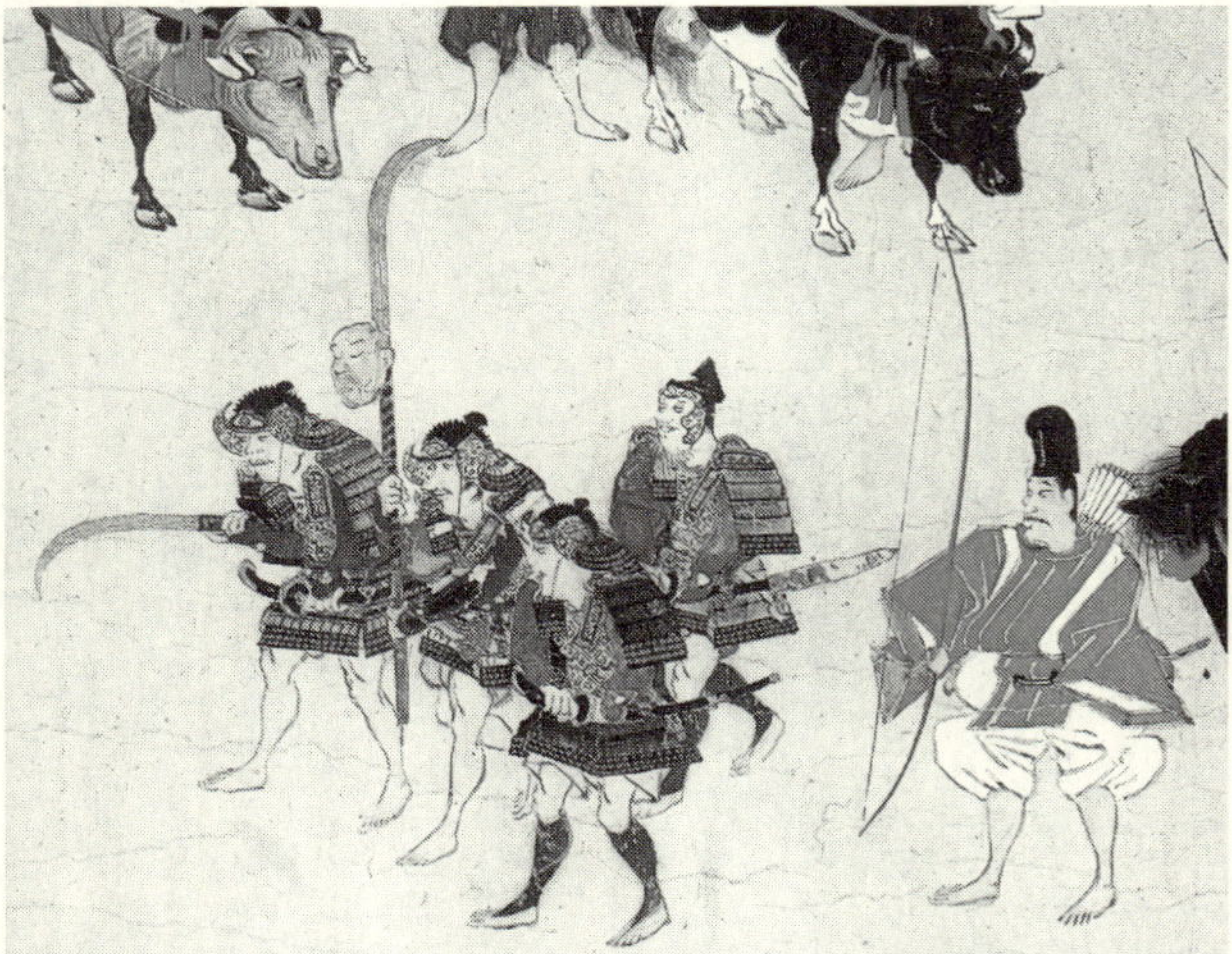

搔き切られ（上）長刀に括りつけて都大路を運ばれてゆく（下）信西の首
（『平治物語絵詞』、『日本絵巻大成13』、中央公論社）

獄門に梟された信西の首（門の右上）

焼き討ちの凄惨な描写等とあいまって猟奇的な傾向を感じさせる。

いったん勝利をおさめた側の源義朝も、平家軍に追われて敗死し、やはりその首が獄門にかけられた。義朝の首は弔《とむら》う者もなく、二〇年以上も放置されて獄舎の前の地面に埋もれたままとなっていた。この髑髏《どくろ》をとりあげて供養したのが高雄神護寺《たかおじんごじ》の文覚《もんがく》上人で、鎌倉にいる息子の頼朝のもとに持参して、反平家の決起を促したという（『平家物語』『玉葉』元暦元年八月一八日・二一日条）。

また、一の谷の合戦で平家が敗れた際には、討ち取られた者の首を都大路を渡すか否かが問題となった。勝者である源義経・蒲冠者範頼《かばのかじゃのりより》は、源義仲の例に倣《なら》って渡すべきだと主張したが、朝廷側は天皇の外戚一族であり、公卿や近臣であった者の首を衆人に曝すわけにはいかないと抵抗した。結局義経らに押し切られて、数十もの首が都人の眼前を渡された（『平家物語』『玉葉』寿永三年二月一〇日・一三日条）。

敵方の将を討ち取って勝利したことを示すために行われるのが、大路渡しや獄門だが、その前提として、掲げられた首がまちがいなく本人のものであることが確認されなければならない。そのために行われるのが首実検である。だが今日のように写真や画像が出回っているわけではないから、本人を見知った者に証言させることが重要になる。

以仁王の首

治承四（一一八〇）年四月、以仁王《もちひとおう》は諸国の源氏に令旨《りょうじ》（皇太子等の命令）を発して決起を促し、平家追討の端緒をひらいた。だが早くも翌月には計画が発覚し、京都を脱出した以仁王は平家によって討たれた。ただし、もともと日陰者あつかいされていた以仁王の顔を知っている者は限られており、本人確認が容易ではなかった。

以仁王は後白河院の子として生まれ、才能にも恵まれた人物であった。残念ながら皇統を継ぐ可能性は与えられず、天台座主最雲《さいうん》法親王の弟子とされた。彼はその立場にあきたらず、最雲が亡くなると仏門を去って還俗、その後ひそかに元服を遂げた。八条院の庇護下に入って、本人としては世間に出る機会をうかがっていたのだろうが、皇胤とはいっても親王宣下も受けられず、公職にも就いていない彼のもとには、誰も寄りつかなかったのである。『平家物語』によれば、以仁王を診察したことがある医師に首実検を打診したところ、病気と称して出頭せず、王の寵愛を受けた女性を探して、本人の首であることを確認させたという。

ただし、この件は史料によって伝えられ方がまちまちで、『愚管抄』は、多くの人に首を見せたところ、王の学問の師であった藤原宗業《むねなり》が確認したと述べる。『玉葉』は、宇治平等院の殿上の廊《ろう》で自害した三人のうちの、首のない一人が王にあたるのではないかという情報を記し、『山槐記』は、王の服装を覚えていた舎人が、戦死者の中にその遺体があったと証言したと載せる（いずれも治承四年五月二六日条）。死亡がはっきりと確認されなかったために、このあと以仁王生存説や遺体替え玉説があらわれ、人々の不安をあおった。生存説を唱えた者の一人には、人相を見るのが得意で相少納言《そうのしようなごん》と呼ばれた藤原宗綱《むねつな》という人物がいた。以仁王に対して、天皇になる相があると言って野心をあおり、平家に尋問された際には、王は生きていると述べたという（『玉葉』治承四年六月一五日条、養和元年一〇月八日条）。これらの生存説を受けて、王が平家の追討を逃れて現在の新潟県長岡市や福島県南会津郡にたどりついたという伝承が残ることになった。

首の検証

合戦において敵方の重要人物を確保したり、討ち取ったりした場合には本人確認が必須となる。しかる後に都大路を渡し、首を曝して、民衆にも認知させなければならない。曖昧なままだと、上記の以仁王のように生存説や妙な噂が流布して、勝利者の立場を脅かし、社会不安を醸成することになりかねない。

ずっと後の話になるが、後醍醐天皇は元弘元（一三三一）年に笠置山《かさぎやま》で鎌倉幕府打倒の兵を挙げた。あえなく幕府軍に捕えられ、都に連れ戻された。髪を乱し、服装も整わないまま山中に潜んでいたところを見つけられたとのことで、花園院は日記のなかに「王家の恥」「一朝の恥辱」などと書きつけている（『花園天皇宸記』元弘元年一〇月一日条）。

後醍醐および一緒に捕えられた皇子たちの身柄は六波羅探題に留め置かれたが、幕府関係者は彼らと直接対面したことなどないから、本人確認ができない。そこで、適当な人物を差し向けて「先帝の実否を見たてまつるべし」（後醍醐帝本人にまちがいないかどうか、見極め申しあげてください）と朝廷に申請したが、そのような役目をやりたがる者はいない。結局、幕府側から関東申次（朝廷と鎌倉幕府との仲介を行う役）の西園寺公宗《きんむね》に要請があり、公宗が後醍醐に面会して確認した。後醍醐は、今回の件は「天魔の所為」（悪魔のはからい。要するに自分の責任ではないということ）なので、許してもらいたいと訴えたという。

武士の世界では、合戦における勲功をあきらかにするために、名乗りをあげ、目を引く軍装をつけ、互いの行動を証明しあう「見継ぎ見継がれる」関係を作るなど、自身の存在を際立たせることが求められた。一方の貴族社会では、身分が高くなるほど、他人と直接対面したり、自筆の文書を発する機会は限定される。武士の中央政界への進出や、たび重なる内乱を通じて、貴族たちの自己同一性に対する意識も変化を強いられたのではないだろうか。なかでも旗印となりうる天皇家メンバーは、自らの意志と関係なくかつぎだされたり、拉致されたりする可能性に怯えなければならなくなったのである。

後白河院と政権コミュニティ

白河・鳥羽の二代の院が一身に権力を集めたのに対し、後白河院は時代に翻弄《ほんろう》され、くりかえし危機的な状況に追い込まれた。天皇位も予想外にころがりこんだものだったし、今様への異様なまでの熱中など、彼の行動や人格については批判や揶揄《やゆ》を含んで語られることが多い。まさに「人間的」なエピソードに事欠かない人物である。

後白河院の人物を語って最も有名なのは、藤原信西による次のような批評だろう。

当今《とうぎん》（後白河天皇）は、類を見ないほどの暗主である。謀叛を企んでいる臣下に全く気付かない。このような暗愚は、古今に未見未聞だ。ただし長所といえるところが二点ある。まず、思い立ったことは、周囲に反対されても、必ず成し遂げる（これは賢主の場合なら欠点だが、白河院はあまりにも暗愚なので、こんなことでも長所と数えなければならない）。次に一度聞いたことを忘れることがない。年月がたっても覚えている。以上二点が優れたところである。（『玉葉』元暦元年三月一六日条）

これは外記《げき》（先例の調査や公文の作成等を担当する官人）の清原頼業《よりなり》が、九条兼実のもとを訪れた際に話したという伝聞情報である。「当今」という呼び方からすると、後白河が天皇位にあった久寿二（一一五五）年から保元三（一一五八）年の期間、二九〜三二歳の頃の評価だろう。新しい天皇を戴いて自らの政治構想を推進していた信西は、肝心の天皇を全くかっていなかったのである。

信西から見れば、後白河はろくでもない人物を近臣として身近に置き、見識ある忠告や提言には耳を傾けなかった。また今様に尋常ならざる熱意を注いだごとく、周囲の制止を無視して自らの意を通した。ただ、そんな調子だから人の話なぞ聞いていないのかと思っていると、過去に話したことをしっかり記憶しているので驚いたというところだったのだろう。

前に述べたとおり、摂関政治から院政への移行によって院の自由度は高まり、その言動や嗜好が周囲の目に触れる機会も増した。貴族社会・内廷社会という狭い関係性の中では、さまざまな繋がりをたどっていけば、誰もが天皇家との血縁に連ならぬまでも、かすっているぐらいのことはおおいにあったろう。院や天皇の能力・性格・政策や行動に関して、さらには性や生理に関わる事柄にまで、批評や噂が語られ、伝えられていた。なかには信西の後白河に対するもののように遠慮のない（それだけに的をついた）批判もあったわけだが、それと院を主幹とする政治体制とは齟齬《そご》することなく運営されていたのである。

ここに頂点に立つ者が個人として持つ不足や弱点を了解したうえで、支配者として君臨させておくことに合意する政権コミュニティの姿勢をみることができるであろう。平清盛が洛中に多くの禿童《かむろ》を放って、平家を悪く言う者があれば家内に踏み込み、連行するなどの、批判を封じ込める手段をとっていたのと比較すれば、支配権としての成熟度の違いはあきらかといえる。すなわち平清盛が緊張に満ちた力関係の頂点に立っていたのに対し、院権力は合意と許容の海の中に浮かんでいたのである。

鎌倉幕府との比較

後の話になるが、鎌倉幕府における将軍や執権北条氏と比べると、院政期の院権力の安定性はさらにはっきりする。鎌倉幕府を支えるのは、将軍と御家人との主従関係だと説明されるが、実はその大切な主人である将軍は、頼朝とその息子の頼家《よりいえ》・実朝《さねとも》の三代までで断絶してしまっている。しかも頼家は将軍としての適性を疑われて放逐された末に暗殺され、実朝は鶴岡八幡宮《つるがおかはちまんぐう》で甥にあたる公暁《くぎょう》に殺された。兄弟そろっての横死《おうし》で、その陰には複雑な政治状況があったことがうかがわれる。

頼朝直系の源氏将軍は絶えたが、将軍職を空位にしておくわけにはいかず、執権北条氏は摂関家の子弟や親王を招いて将軍に据えた。だが幼いうちに東下《とうか》した将軍が成長し、周囲に形成された近臣グループとともに権力を掌握する恐れが生じると、北条氏はさまざまな陰謀事件をでっちあげて、将軍の無力化をはかった。近臣らは粛清し、将軍は犯罪者のように京都に送還したのである。権威も権力も持たせないにもかかわらず、鎌倉幕府は将軍という存在をなくしてしまうわけにはいかなかった。きわめて非生産的で矛盾した循環に陥っていたとしかいいようがない。

一方で、執権北条氏は他の有力御家人との競合を勝ち抜き、政権の要職に一族を配置するために、その規模を拡大していった。だが規模の拡大は、一族内部での骨肉の争いをも生む両刃《もろは》の剣となった。鎌倉幕府は、その全期間を通じて、構成員どうしの武力衝突や陰謀事件が絶えず、互いに牽制し合い、粛清に怯える陰惨な構造を持つにいたったのだ。

また北条氏のように他家と競合する必要がなくとも、武士にとって一族は、そのまま戦闘単位である。したがって天皇家や貴族たちのように嫡子以外を出家させて、家系を絞り込むわけにはいかない（ただし後醍醐のように、天皇自身が戦わなければならない場合には、皇子たちも貴重な戦力として活躍する）。そのため多くの庶子家が枝分かれして拡がり、資産の細分化・嫡子による管理の困難・一族内での対立等、惣領制についてまわる多くの問題を抱えざるをえなかったのである。

武家の状況に比べると、貴族社会の人々は院や天皇に一定の権威を認め、政権の頂点に彼らがいることの利益について合意を成立させていたとみることができるだろう。そして院や天皇という存在が持つ効用は、鎌倉幕府にも共有されたのではないだろうか。

後白河院と平清盛——内乱状況への対応1

後白河院は不思議な人物である。白河・鳥羽両院が築いた院の高権と、勃興する武士の勢力とのバランスが逆転するところに位置したために、彼の治世は「武者の世」のただなかで、公家の権威を示すどころか、わが身を守るために汲々としなければならなかった。

平清盛は、身内の女性を天皇家に送り込んで関係を深め、貴族としての地位を高め、外戚として政権を掌握することを目指した。摂関家に倣った見通しに立っていたといえるが、武士という背景を持っている以上、そのやり方はより急であり、当然ながら要所で武力を用いた。また比叡山延暦寺（山門）等による強訴《ごうそ》（武装した僧兵らが、神仏の権威をふりかざして朝廷に対して強請を行うもの）が頻発する状況では、平家の武力に頼らねば、都の防衛も危うかったのである。ただし寺社による強訴は、院権力を倒そうとしたものではなく、院権力を味方にして自らの利権を伸長し、主張を実現しようとしたわけではない。いわば院権力との馴れあいの産物で、神木《しんぼく》・神輿《しんよ》などの宗教的な強迫装置を用いるために、過大な恐慌をよびおこしたのだといえよう。

歴代の院は、内心ではこの構造を理解していたのだろう。だからこそ白河院が「天下三不如意」、つまり自分の意のままにならぬものは、賀茂河の水・双六《すごろく》の賽《さい》・山法師――とうそぶくことができたのだ。そして武士との関係もまた馴れあいの構造の中で処理していけるとみくびっていたにちがいない。それが間違いだと思い知らされたのが後白河院の段階だった。

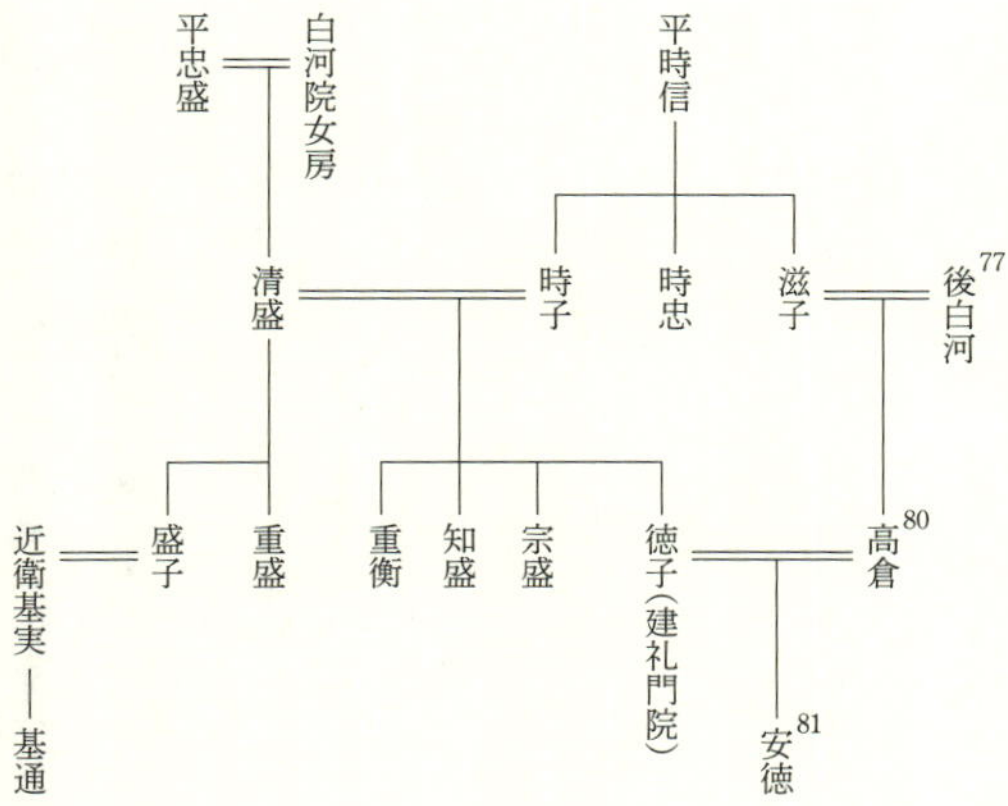

系図９

清盛と後白河との衝突は安元三（一一七七）年、鹿《しし》ケ谷《たに》事件という形で表面化した。後白河近臣の藤原成親《なりちか》や西光《さいこう》らによる平氏打倒の謀議が発覚して、一味であった俊寛《しゅんかん》が鬼《き》界《かい》ケ島（硫黄島）に流され、都への帰還を切望しつつ最期を遂げたことは有名である。さらに治承三（一一七九）年八月には清盛の嫡男重盛《しげもり》が没し、後白河は失意の清盛に（やめておけばいいのに）圧力をかける。重盛が関係していた知行国や荘園を取り上げたり、摂関家の松殿基房《まつどのもとふさ》と結託して、平家滅亡を企てたのである。一一月に入り、清盛は軍勢を率いて福原《ふくはら》から上京し、院近臣を解官、近習の侍らを処刑し、後白河を鳥羽殿に幽閉した。治承三年のクーデターと呼ばれる政変で、翌年二月には高倉天皇を譲位させ、三歳の安徳《あんとく》天皇を誕生させた（系図9参照）。安徳の母は、清盛の娘徳子《とくこ》である。清盛はついに天皇の外戚となり、政権を手中におさめたのである。

清盛はクーデターの直後、院庁預《あずかり》（院庁の実務担当者）の中原宗家《むねいえ》を捕え、院領の目録を提出させた。また一二月には後院庁始《ごいんのちょうはじめ》が行われている。すなわち院の資産管理者（同時に文書の管理者を意味する）と資産目録を接収したうえで、院不在の期間に設置される後院庁を開設したのである（「後院《ごいん》」は、もともとは予備的に置かれた御所で、譲位後の天皇の居所となることが多かった。院政期以降は、院が不在の時に「後院庁」が設置されて、必要な事務を処理した）。後白河の資産は清盛の管理下に入り、院政は完全に無効とされた。

後白河院と源氏勢力――内乱状況への対応2

ついに外戚の地位を獲得した清盛のもとで、平家政権の体裁が整ったといえる。だが治承五（一一八一）年正月に高倉院、閏二月には清盛があいついで亡くなり、幼主の安徳の背後で政治を主導するために、後白河の院政が復活することになった。前年には以仁王の令旨が発せられ、鎌倉の源頼朝をはじめとする源氏勢力が打倒平家の兵を挙げており、すでに全国的な動乱が展開していた。平治の乱の際には、二条天皇の身柄を確保することで陣営の正統性が示されたが、内乱の規模が拡大したときに、軍隊に正当性を与えてくれるのは天皇家から出される追討の指令であった。この後、後白河は都落ちする勢力に同行を求められて拉致される危険に怯えながら、京都を制圧する武将の意向に従って、対抗勢力に対して追討の宣旨を発することをくりかえす。平氏のほか、頼朝と反目するにいたった源義仲・義経に強要されて、何度も頼朝追討の宣旨を発しており、最終的に覇権を握った頼朝から強い非難をうけることになる。

源頼朝は鎌倉の地にあって着実に優位を築き、権利を拡大していった。後白河は、寿永二（一一八三）年一〇月に、東海・東山両道の諸国・諸荘園に対する頼朝の支配を認める宣旨を発し、平家の壇ノ浦での滅亡後の文治元（一一八五）年一一月には、諸国に守護・地頭を設置し、荘園・公領を問わず段別五升の兵糧米《ひょうろうまい》を徴収する権利を認めた。武家に独自の支配権と徴税権を認める決定で、文治の守護・地頭勅許として、今日では鎌倉幕府成立の指標とされる。諸勢力からの圧力に応じて、追討の指令を出し、譲歩や権利の付与を行いながら、後白河はなんらかの見通しを持っていたのだろうか。

朝廷では、摂関家のなかの親頼朝派である九条兼実が力を持つにいたった。また安徳天皇が三種の神器を帯同して都落ちした後には、神器不在のまま異母弟の尊成《たかなり》親王が践祚していた（後鳥羽天皇）。文治元年の時点で後鳥羽天皇の摂政は近衛基通《もとみち》であり、後白河院と男色関係にあって、なにかと危機的な状況をものともせずに（危機的だからこそ？）寵愛されていたらしい。兼実は「君臣合体の儀、これをもって至極とするか」と、日記の中で皮肉っている（『玉葉』寿永二年八月一八日条）。

ここは基通を辞任させて、兼実に替わらせるのが順当だが、後白河はその決断ができない。「今においては朕天下のこと口入におよばず」「摂政と汝と示し合わせ、万事執行すべし」（同、文治二年二月二〇日・二六日条）、要するに、自分はもう政治には口出ししないから基通と兼実で相談して適当にやってくれと丸投げするありさまだった。とうとう頼朝からの推挙や圧力によって、文治二年三月、兼実に摂政・氏長者宣下が行われ、彼は後白河の恣意と無定見にふりまわされながら朝政を運営していくことになった。

「後白河はなんらかの見通しを持っていたのだろうか？」という、さきほどの疑問に対しては、見通しも理念も何もなしと答えなければならない。逆にいえば、下手な方針などを持たなかったからこそ、怒濤のような展開の中で生き残ることができたのだ。結果的に彼は、内乱の時代に最も適合的な王者だったにちがいない。

公家政権の詭弁

見通しも理念も方針もないが、小細工は弄するのが後白河である。遠く鎌倉から消息を聴いているだけの源頼朝にとっては、後白河の場当たり的なのか何か企んでいるのかわからないやりかたは、とりわけ腹だたしかったろう。「日本国第一の大天狗」と罵るわけだ(『玉葉』文治元年一一月二六日条)。

滅ぶ平氏とともに三種の神器の宝剣が海に沈み、頼朝が固めつつある武士の政権によって朝廷の権威が下落している状況を『愚管抄』は次のように述べる。すなわち、神器のうちの宝剣が失われたことは王法にとってたいへん残念である。だがそれもなんらかの道理があってのことであろうと考えをめぐらせば、武士が君の御護《まもり》をつとめる世の中になったので、もはや宝剣は役目を終えて失われたのである。国王は文武の二道によって世を治めるが、文は国王の御身に付き従い、武のほうは武士がひきうけてくれるのだ。

宝剣が欠けてしまったことは、後鳥羽天皇の践祚・即位にあたっても大きな問題となったが、慈円はそのことを、宝剣から武家政権への国王の守護役の交代と説明している。「武士大将軍」が「世ヲヒシト取テ」、「国主」もそれに背くことができないとの一文もあり、彼が武士の優位という現実を見ていなかったわけではない。だが歴史を「道理」に沿った営為ととらえる慈円の歴史観は、宝剣の紛失と武士の優位という、朝廷にとっての二つの負の要素を均衡させてしまった。「道理」と言えば聞こえはいいが、要するに朝廷に不動の価値をみるための詭弁・屁理屈にすぎないといわれてもしかたないだろう。

内乱と武士の地位の確立によって、朝廷は次々と未曾有の事態に直面することになるのだが、「先例《せんれい》」を絶対的尺度と考える貴族たちは、「道理」を駆使して、先例と大小の危機的課題とを調整し、許容範囲におさめようとする。そのようにして洗練されていったのが、のちに「有職故実《ゆうそくこじつ》」と呼ばれるようになる学問領域であった。

「道理」のほかにも、朝廷にとっての大きな強みは、ある分野における感受性の欠如、鈍感さといっていいものだったと思う。後鳥羽院治世の例になるが、建仁元（一二〇一）年の斎宮群行《さいぐうぐんこう》（斎宮が野宮での潔斎を経て伊勢神宮に下向すること）に関して、経由地である近江国の駅家雑事《えきかぞうじ》（斎宮一行の移動・宿泊等の経費に充てるための臨時課税。一国平均役として付加する）が問題となった。国内の荘園に国衙から使者を派遣したところ、荘民らが武力をもって抵抗するために徴収ができないという。そこで後鳥羽院は近江国の惣追捕使《そうついぶし》（守護）である佐々木定綱《さだつな》に命じて、配下の郎従を派遣して徴収するように命じた。

この件については、近江国司の平親国《ちかくに》が全く頼りにならないという事情も大きかった。しかしながら政権の指標ともいえる一国平均役の徴収について、国司支配権の徹底をはかるのではなく、安易に武家の力を借りるという選択は、公家政権が国家や政権についてつきつめて考えたことがなかったことを物語っている。この点については武家政権も同様のところがあり、全国政権という概念について、公家・武家ともに考えつくす機会を持とうとしなかった。だからこそ、二つの政権の並立が可能だったといえる。

後白河院と源頼朝

源頼朝と彼を支える御家人らは、鎌倉を武家の地として幕府を構えた。後白河院に上洛するよう繰り返し求められても、頼朝は応じようとしなかった。公家化して朝政を掌握したものの、あえなく滅びるにいたった平家の事例を見たからこそ、都に近づくことの危険性を承知していたのだろう。

ついに頼朝が動いたのは、建久元(一一九〇)年のことだった。『古今著聞集』によれば、後白河は蓮華王院の宝蔵から多くの絵を取り出して、「関東にはこのような名品はないだろうから、ぜひ見ていきなさい」と頼朝のもとに届けさせた。ところが頼朝は「院の御秘蔵の品々を、どうして私ごときが拝見できましょう」と、一見もせずに返上してしまった。院は、頼朝が感嘆するにちがいないと思っていたのに、つき返されてたいそう心外に感じたという。

後白河にとっては、蓮華王院の宝蔵こそが都の文化と天皇家を荘厳する伝統とが集約されたところであり、頼朝懐柔の源泉と考えていたのだろう。そこには絵や書物、楽器等の大量の名品が収められていたが、荒唐無稽な由緒来歴とともに伝えられる怪しげな品物も多かったらしい（鬼が落としていった帯とか、妖怪変化を刺した刀など）。しかし、天皇から院を派生させ、深刻な危機を詭弁と無定見で乗り切ろうとする王権にとっては、まさに相応の宝蔵だったにちがいない。詭弁と無定見は、裏を返せば柔軟と寛容であり、王者としての鷹揚さにも通ずる。もちろん頼朝は一切関わりあいになろうとしなかったのだが。

後白河院崩御

前年の末ごろから体調を崩していた後白河院は、建久三（一一九二）年三月、六六歳で崩御した。二月の段階で、院は寵愛する丹後局《たんごのつぼね》（高階栄子《えいし》）を使者として、関白九条兼実に遺詔を伝え、皇室領の相続について指示したという。六勝寺・蓮華王院・鳥羽殿・法住寺殿等の主要な御所や堂、肥前神崎《かんざき》荘・備前豊原《とよはら》荘等の後院領は後鳥羽天皇に、その他の所領を皇女たちに譲るという内容で、兼実も「この御処分の体、まことに穏便なり」と評価する内容だった。鳥羽院の遺領処分では、美福門院に多くを与えたために、あとで女院から後白河天皇に対して一部を分献しなければならず、崩御後に恥を残す結果となった。それにくらべると、たいへん立派だというのである（『玉葉』建久三年二月一八日条）。

皇女のなかでも特に寵愛を受けたのが覲子《きんし》内親王である。養和元（一一八一）年に丹後局とのあいだに生まれた女子で、建久二年には女院号の宣下を受けて宣陽門院《せんようもんいん》とされている。国母でもなく后位にもない者が女院号を受けた最初の例で、非婚の皇女の立后のような不自然な手続きを踏まずとも、院が鍾愛《しょうあい》の皇女を優遇し、皇室領を授けるために女院の称号を利用できることを示したといえる。

彼女は長講堂《ちょうこうどう》領《りょう》と呼ばれる厖大《ぼうだい》な所領群を相続した。長講堂は、後白河院の御所である六条殿に付属する持仏堂である。保元の乱で敗死した藤原頼長の没官領（没収した所領）を軸として、その後に集積した荘園を加えたもので、四二ヵ国八九ヵ所におよぶ。

また、長講堂領と並ぶ皇室領としては、八条院暲子が父鳥羽院と母美福門院から相続した八条院領がある。鳥羽殿の持仏堂である安楽寿院領に多くの荘園が加わって二百数十ヵ所を数えた。八条院は二条天皇の准母とされていたが、后位を得ずに女院となった初例だった。近衛天皇が早世した際、鳥羽院は近衛の同母姉にあたる八条院の践祚を本気で検討したといわれ（『愚管抄』）、やはり父に愛された皇女だったのである。九条兼実が批判していたとおり、鳥羽院は後白河にはほとんど所領を譲らず、大部分を八条院と美福門院に与えた。

摂関政治の時代に大きな役割を担った「父の娘」は、父院から愛された非婚の皇女という形で再登場する。その代表であった宣陽門院・八条院が父院から継承した長講堂領・八条院領という巨大な所領群は、この後天皇家を支える財政基盤として数々の係争をひきおこすことになる。

第七章　公武政権の並立

後鳥羽天皇と征夷大将軍

後鳥羽天皇（治承四〈一一八〇〉〜延応元〈一二三九〉）は高倉天皇の第四皇子で、母は坊門《ぼうもん》信隆《のぶたか》の女殖子《しょくし》（七条院）、安徳天皇の異母弟にあたる。寿永二（一一八三）年、平家一門に連れられて西走した安徳天皇の不在を埋めるために、神器のないまま践祚した。平家を都落ちさせて入京した源義仲は、自身が擁していた北陸宮《ほくりくのみや》（以仁王の息子）を強力に推したが、丹後局の進言もあって、後白河は四歳の尊成親王を天皇位に即けることにしたのである。

建久三（一一九二）年四月の後白河院崩御後は後鳥羽天皇の親政となる。だが実際には親幕府派関白の九条兼実が朝政を主導した。七月には源頼朝を征夷大将軍に任じ、以後、武家政権の首長はこの職を帯びるのが慣例となる。そのために歴史教科書等では、従来一一九二年を鎌倉幕府成立の年とみなしていた。「イイクニつくろう鎌倉幕府」である。だが前に触れたとおり、近年では武家の実質的な覇権確立を重視し、守護・地頭設置の一一八五年を幕府成立の節目と説明している。

頼朝の征夷大将軍任官については、詳細を示す史料が乏しく、『吾妻鏡《あずまかがみ》』建久三年七月二五日条「将軍のこと、もとより御意にかけらるといえども、今に達せしめたまわず。しかるに法皇崩御の後、朝政の初度に、ことに沙汰ありて任ぜらるるのあいだ、ことさらにもって勅使に及ぶ」という記事から経緯が推測されていた。すなわち、頼朝は以前から征夷大将軍を希望していたが、後白河院が許可せず、同院の崩御後にやっと任じられたというのである。

だが近年、櫻井陽子氏が『三槐荒涼《さんかいこうりょう》抜書要《ぬきがきよう》』という史料を紹介し（「頼朝の征夷大将軍任官をめぐって――『三槐荒涼抜書要』の翻刻と紹介」）、そこに抄出された『山槐記《さんかいき》』の逸文、建久三年七月九日条に注目された。その記事によれば、後鳥羽天皇の親政開始にあたって、頼朝は「大将軍」への任官を希望した。朝廷内で検討したところ、平宗盛が任じられていた「惣官」や源義仲の「征東大将軍」は前例として不吉であり、中国の「上将軍」という称号もあるが、それよりは日本の「征夷大将軍」が適当だという結論になり、任官にいたったのだという。

治承・寿永の内乱では、多くの有力武士が競合し、武家の棟梁を目指した。その中で傑出した地位を獲得し、史上はじめての武家政権を確立したことを示すために、頼朝は「将軍」以上の「大将軍」という地位を求めた。朝廷側が「大将軍」に相当する役職を比較検討した結果、残ったのが征夷大将軍だったのである。

したがって「征夷」の部分に特別な意味があったわけではない。しかし頼朝がまさに建久三年を節目として「大将軍」たる地位を確立し、この後「征夷大将軍」が武家政権の首長が帯びる役職として認知されたことは、大きな意味を持ったと評価できる。公家・武家ふたつの政権が並び立つ時代の本格的な到来である。

さて、しばらくは九条兼実が政治を主導したが、門閥・先例に厳格な方針から、より柔軟な展開を求める院近臣の中下級貴族層とのあいだに軋轢が生じていた。頼朝の娘大姫《おおひめ》の入内問題を契機に、すでに娘任子《にんし》を中宮としていた兼実は中枢から遠ざけられる。丹後局と源通親《みちちか》が結託して、頼朝との関係を深め、兼実の追い落としに動いたのだった。源通親は高倉院以来、代々の院に近臣として仕えた経歴を持つ。とくに後白河院鍾愛の宣陽門院の執事別当・同院領の管理者となり、同院の母である丹後局と結んで権力掌握を目指したのである。建久六年一二月には通親の養女である在子《ざいし》が為仁《ためひと》親王（後の土御門《つちみかど》天皇）を出産した。任子は男子を産んでいなかったため、通親の優位があきらかとなり、兼実は孤立した。通親・丹後局は、翌建久七年に任子を宮中から退去させ、兼実を関白の座から追って権力を掌握した（建久七年の政変）。

建久九年には、親王宣下も受けていない為仁への譲位が敢行され、通親は外戚の座を獲得した。翌建久一〇（一一九九）年には頼朝が急死、鎌倉幕府は初代将軍を失って、大きな転機を迎えた。通親は、その後も権勢をふるったが、建仁二（一二〇二）年一〇月に、五四歳で亡くなった。この時後鳥羽院は二三歳、実質的な後鳥羽院政の開始である。

「万能の王」　後鳥羽院

後鳥羽院は政治・文化・スポーツ等、多方面にわたる興味関心を持ち、それぞれに道を究めようとした。文化的な業績の第一には、和歌所を再興し、勅撰集『新古今和歌集』の撰進を命じたことがあげられる。院自身も選歌に関わり、建保四（一二一六）年に完成をみた。本歌取りを多用して、重層的で複雑な情緒を描き出す新しいスタイルは、わが国の文学史上に大きな位置を占めるものである。

音楽においては琵琶を学んで秘曲伝授を受け、また蹴鞠《けまり》では「蹴鞠の長者」の称号を奉られるほどだった（権力者のやることとなので、割り引いて考えなければいけないが、熱心に取り組んで一定の水準に達していたことはまちがいなかろう）。「文章に疎《そ》にして、弓馬に長し給へり」（『六代勝事記』）という評価もあって、文芸よりも実践的な活動に向いていたらしく、水練・相撲・馬術・弓術等のスポーツ・武芸にも堪能であった。淀川の水運を縦横に利用する神出鬼没の強盗を捕えるために、船で乗り出し、自ら重い櫂《かい》をとって指図したという話も伝わっている（『明月記』建永元年九月一三・一四日条、『古今著聞集』）。鍛錬の成果を披露する機会を楽しんでいたのだろう。後白河の文化・芸能についての姿勢が特定の好みに偏重していたのに対し、後鳥羽は万能の王を目指した。前者がサブカルチャーである今様に耽《たん》溺《でき》し、後者が勅撰集という王道を極めようとしたことは、その好例と思われる。

後鳥羽は公事《くじ》に対しても積極的に臨み、儀礼や行事の復興・整備を進めた。とくに儀式を主導する内弁《ないべん》の役割に興味があったようで、公事の作法に通じていた摂関家の松殿基房《まつどのもとふさ》に教えを受けた。また自ら内弁に扮し、周囲の者を集めて儀式の習礼（練習）を行ったという。公卿が下級の官人の役をつとめたり、内侍（女官）の役を男性がやったりしたので、皆が笑い出してしまったというような、にぎやかな催しだったらしい（『古今著聞集』）。

内弁は儀式の要《かなめ》であり、知識や力量が要求されるのは確かだが、あくまで臣下の役なので、それを天皇がつとめることはない。太政官に正規の位置づけを持たず、そもそも儀式に参加することのない院であればなおさらである。それを自ら学び、実践してみようとするところに、万能の王としてすべてを掌握しようとする後鳥羽の意志があらわれているのではないだろうか。

政治的な側面については、前に触れた建仁元（一二〇一）年の、斎宮群行のために近江国に賦課する一国平均役を、守護の佐々木定綱に命じて徴収させたという出来事がある。公武二つの政権が並立する状況下にあって、支配の指標や権力を構成する要素を精査するのではなく、無前提に武士の力を利用する姿勢は、後鳥羽の政権運営の大きな特徴だった。同時に武家政権のほうも、そのように利用されることに鋭い疑問を抱かず、むしろ活動を認知されたとして歓迎していた。

　これまでの院は、自らの望むところを実現しようとする専制君主であった。だが後鳥羽は、すべてを支配する独裁者を目指したのである。

院庁の整備

　さてすべてを掌握しようとする後鳥羽院のもとで、その事務組織である院庁にも変化があらわれた。別当・判官代等の上級・中級クラスの院司は、政治的な事情によって変動するが、その下には主典代・庁官等から成る実務部門があり、この部分のみを「院庁」と称することも多い。

　主典代以下のメンバーは地下官人と呼ばれる身分の人々である。彼らと一般貴族とのあいだには「越ゆべからざる断層」（橋本義彦「官務家小槻氏の成立とその性格」）という明確な区別があった。律令官職制度の原則である四等官制（各役所の職員が長官《かみ》・次官《すけ》・判官《じょう》・主典《さかん》の四等級で構成されていること）に照らせば、たとえば太政官弁官局の四等官である史は、能力・実績の如何にかかわらず、三等官の弁に昇進することは絶対にできない。院庁でいえば、主典代と判官代のあいだには、やはり大きな断層があって、それを越えることはできなかったのである。

大田荘の年貢の流れについて述べた際に登場したように、主典代以下は院領をめぐって、その経営や管理、中央官庁との折衝等に深く関わり、また関係文書を管掌することを通じて、院の所領群全体を統括した。逆に言えば、院領の全貌を知る者は彼らしかいなかった。院のもとに多くの所領が集積されれば、関係する文書の管理業務の重要性が増すとはいうまでもなかろう。複数いる主典代のなかでも上首である年預主典代は、院庁預・庁年預とも呼ばれ、院庁の活動全体を統括し、文書の作成や保存管理業務を担っていた。

院庁下文と年預主典代

院から発せられる院庁下文には、何人もの院司の名が並び花押が据えられる。その中で日付の下の部分（日下《につか》と呼ぶ）に名を記すのが主典代で、実際に下文を作成する立場にあった。下文の文面を確定し、執筆を行い、自身の署名を記したうえで、上級の院司のもとを回って花押を据えてもらったのだろう。大田荘について論じた際にも触れたが、院庁には院庁下文の控えや関係文書が蓄積されていた。

治承元（一一七七）年に平家の信頼厚い公卿藤原邦綱《くにつな》の屋敷が火事に遭って、家内に保管されていた文書が焼失するという事件があった。邦綱の娘で平徳子（建礼門院）の乳母を務めた綱子《つなこ》の文書もその中にあって、承安元（一一七一）年の院庁下文が失われた。伊予国弓削島荘《ゆげしまのしょう》を養母から譲り受けたことを承認する内容のもので、同荘の知行権を証明する大切な文書である。そこで彼女は「庁底に留めたる案につきて書き取るところなり」、すなわち院庁に保管されていた案文（控え）を書き写した。それを太政官に提出し、あらためて知行権を認める旨の文書を発給してもらったのである（治承三年八月二二日　官宣旨次頁図版参照）。

弓削島荘は、瀬戸内海に浮かぶ弓削島（現在は愛媛県越智郡上島町に属す）全体を荘園化したものである。製塩を主産業とし、「塩の荘園」と呼ばれた。立荘時には鳥羽院、次いで後白河院を本家としたと思われ、後に長講堂領に編入された。延応元（一二三九）年に宣陽門院が同荘を東寺に寄進したため、東寺に多くの関連文書が伝えられている。綱子が所有していたのは領家職にあたるが、その権利を示す院庁下文の控えが「庁底《ちょうてい》」（院庁の事務所。太政官については「官底《かんてい》」という）に保管されていたのだろう。綱子の申請を受けて、これらの探索・調査を行ったと考えられる。それを担ったのが院庁とその責任者の年預主典代だった。

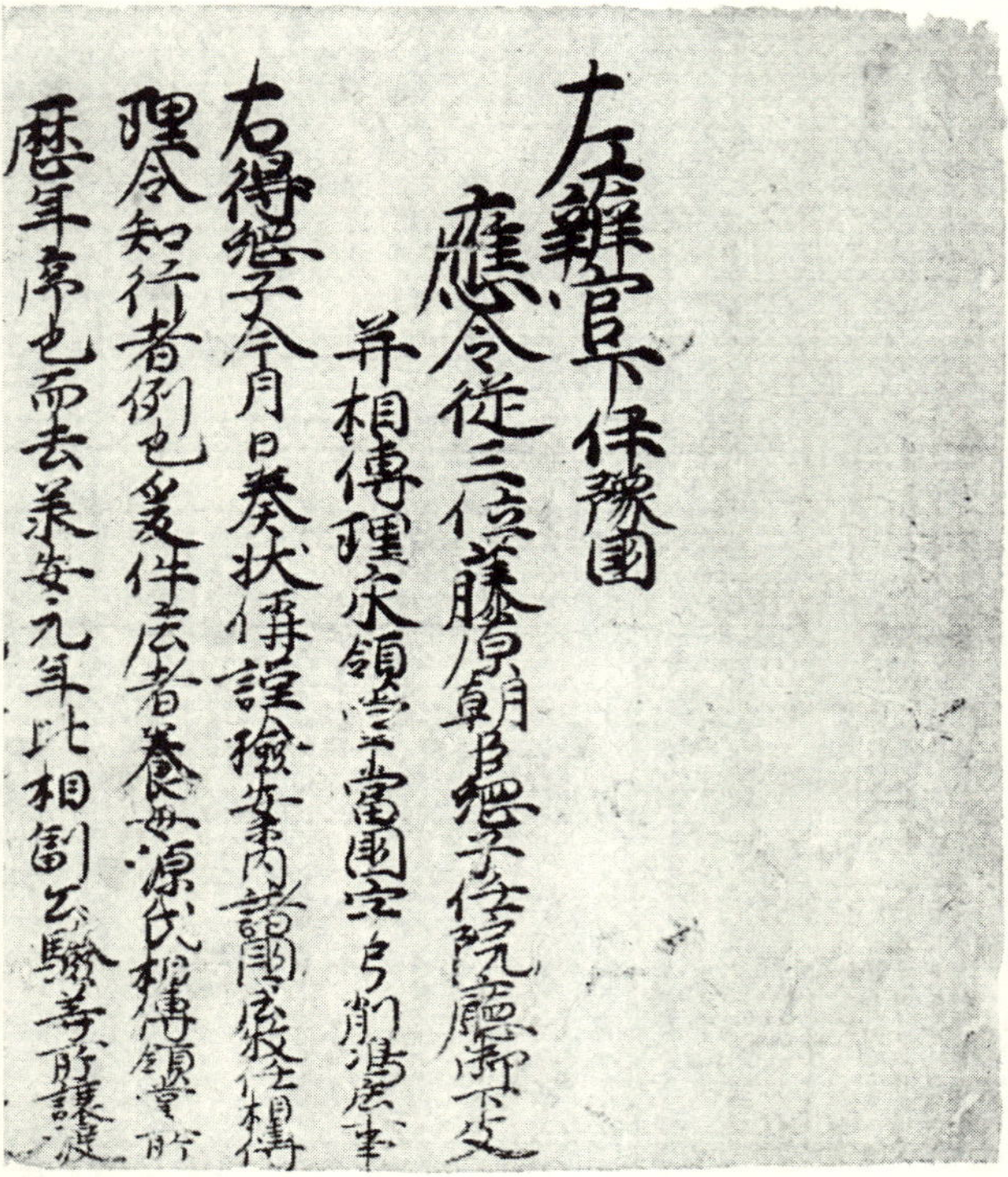
左辨官下 伊豫國
應令従三位藤原朝臣經子任院廳御下文
并相傳理宗領掌當國字弓削嶋庄事
右得經子今月日奏状偁謹撿案内當嶋者經任相傳
理令知行者例也爰件庄者養母源氏相傳領掌於
歴年序也而去承安元年比相副公験等所讓渡

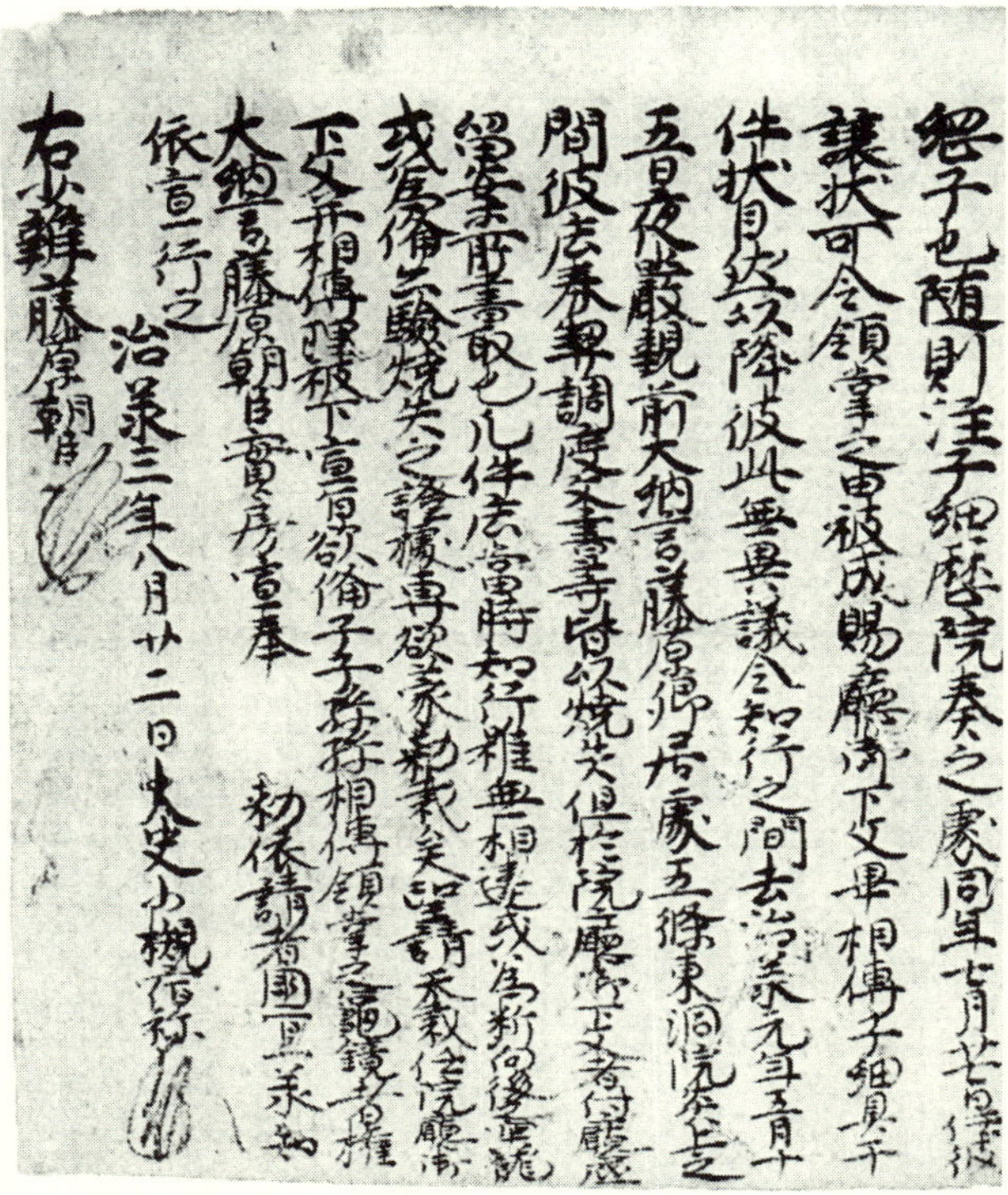

治承三年八月二十二日　官宣旨　東寺百合文書こ　京都府立京都学・歴彩館所蔵

三左衛門事件と安倍氏

年預主典代を務めた者には、大田荘に関わって登場した中原基兼、治承三年の清盛のクーデターの際に院領目録の注進を求められた中原宗家などがいる。白河院以来の院庁下文を集め、そこに記されている主典代名を検討すると、鳥羽院庁下文では大江以平《もちひら》、後白河院庁下文には中原基兼・大江景宗《かげむね》らが多くあらわれる。ほかにも複数の人名を検出することができ、特定の一族に集中しているなどの決まった傾向はみられない。だが後鳥羽院の治世の途中であきらかな変化が訪れる。正治元（一一九九）年六月の後鳥羽院庁下文（太上法皇御受戒記後附）の「主典代左衛門少志安倍」記載以降、主典代には安倍氏以外の名がみられなくなるのである。

建久九（一一九八）年の後鳥羽譲位の際の院司の補任では、主典代三人が補されている。左衛門尉中原政経《まさつね》・左衛門志安倍資兼《すけかね》・右衛門志安倍資朝《すけとも》である（『三長記』建久九年正月一一日条）。年預は中原政経で、安倍氏の二人はそれに次ぐ立場だったと思われる。後白河院政期には中原政泰《まさやす》という主典代がおり、政経はその息子だった可能性が高い。

ところが正治元年二月、一条能保・高能《たかよし》父子の郎等である三人の左衛門尉による「三左衛門事件」と呼ばれる事件が起こる。一条能保は頼朝の同母妹を妻としていたことから、頼朝の信頼が厚く、親幕派の院近臣として京都政界で重要な位置を占めていた。だが能保は建久八年一〇月に死去、翌九年九月には嫡子の高能が二三歳で亡くなる。さらに建久一〇年正月に頼朝が急死して、同家は庇護者を失い危機に立たされた。この直後に能保遺臣の三人の左衛門尉、後藤基清《ごとうもときよ》・小野義成《おののよしなり》・中原政経が、源通親の襲撃を企てたとして捕縛されるのである。源通親が一条家を冷遇したのが直接の原因ともいわれるが（『愚管抄』）、その真相はさだかではない。頼朝急死直後の不穏な空気のなかで、京都の親幕派勢力に生じた混乱の一端と思われる。

後藤基清・小野義成はいずれも幕府と院の双方に仕える、いわゆる在京御家人である。二人にくらべて中原政経の事跡はあきらかでなく、武士的な行動の所見もない。一条家となんらかの関係があって、二人の謀議に連座したものだろうか。政泰はこの事件で完全に失脚したらしく、史料上から姿を消す。その後に院庁の年預主典代を引き継いだのが安倍氏というわけである。

安倍氏の系譜

それでは安倍氏とはどのような一族だったのだろうか。院庁下文には、さきほどの「主典代左衛門少志安倍」のごとく官職名と姓のみが記される。院庁の主典代で左衛門府の志《さかん》を務めている者である（四等官を示す漢字表記は役所によって異なるが、訓読みはどれも、かみ・すけ・じょう・さかんとなる)。他の史料等から、その実名をさぐると安倍資兼という人物で、彼のほかにも院庁主典代としてみえる安倍氏は、すべて名前に「資」の字を持つ。つまり安倍氏の中でも、とくに「資」を通字とする一流が主典代の地位を独占していったのである。

彼らのうち最も早く史料上に登場するのは安倍資清《すけきよ》で、元永二(一一一九)年に六〇歳で死去した。『中右記』の記事によれば、彼はもともと外記局の史生《ししょう》(下級の事務官)で、二〇年以上にわたって検非違使庁に勤務し、最後は検非違使志であった(元永二年七月二三日条)。『中右記』の記主である中御門宗忠は検非違使別当をつとめていたことがあり、資清は別当邸に頻繁に出入りして活動する事務スタッフだった。検非違使は都の警察機能をつかさどる令外官《りょうげのかん》(律令の規定外に設けられた官職)である。

そのなかで志は、犯人逮捕のような武力行使ではなく事務分野を担当し、院庁の主典代や庁官・太政官の史生・蔵人所の出納・諸家の下家司等を経験した官人が就任することになっていた(『職原鈔』)。地下官人としては最上位に位置するポストである。宗忠は、資清について「奉公の者なり」と記しており、その働きを評価していたことがわかる。

資清の後に続くのは安倍資良《すけよし》である。彼は検非違使や衛門府の役職を経て、保元三年の後白河譲位直後に、院主典代としての所見がある(『兵範記』九月一七日条)。また平治元年五月二八日の後白河院庁下文（高野山文書）に「右衛門少尉安倍」と、安倍氏としてははじめて署名している。そして彼以降、院だけでなく女院の周辺にも安倍氏の姿がみられるようになる。

保元四年には、資良・資成・資弘の三兄弟がそろって上西門院（鳥羽天皇皇女）の主典代に補されている（『山槐記』二月一九日条）。なかでも資成は建礼門院の年預主典代（『吉記』養和元年一一月二五日）・宣陽門院の主典代をもつとめた（『山丞記《さんじょうき》』建久二年七月九日）。また建久三年の後白河院崩御後の四十九日仏事の史料では、資成が年預主典代だったことが確認できる（『心記《しんき》』五月二日条）。

後鳥羽の譲位時には、前述のとおり中原政経・安倍資兼・安倍資朝の三人が主典代に補された。そして年預主典代の中原政経の失脚後に資兼が年預となり、その後は彼の子孫が院庁の年預主典代を独占するようになるのである。

年預主典代の相伝

これまで複数の氏が補されてきた年預主典代の地位が、なぜ特定の一流の独占となったのだろうか。同様のことが、実は太政官弁官局の実務部門において、もっと早い時期におこっている。弁官局の四等官である史は、弁の下で文書の作成や先例の調査等を行う役職である。弁が蔵人等を兼任し、政治的実績を積んで公卿に昇るのとは異なり、史は地下にとどまる。史・史生らで構成される弁官局の下位組織のなかで、上首である左大史の職は、次第に実務部門の統括者としての意味を持つようになる。本来正六位上に相当する役職だが、その重要性から特別に五位に叙せられることになり、五位を大夫と呼ぶところから、「大夫史《たいふし》」の称が生まれた。

長徳元（九九五）年、はじめて大夫史となったのが小槻奉親《おづきともちか》である。奉親の孫にあたる孝信《たかのぶ》のころから、同氏が大夫史の地位を独占する傾向があらわれた。大夫史は、弁官局を統括するところから「官務《かんむ》」という呼称が生まれ、鎌倉時代には同氏の役割を「官中執権」と称する例もみえる。そして一二世紀半ばには小槻氏による大夫史の独占世襲が確定する。

なぜこのように特定の地位の独占世襲が成立したのだろうか。小槻氏の使命とされているのは太政官文庫の維持管理である。太政官文庫には、太政官の発給文書の記録や各種先例等が保管され、さまざまな調査・参照に利用された。同文庫は小槻氏の私文庫と一体のものとして運営され、同氏の存在意義そのものと考えられた。文庫の存続は家の存続と同義だったのである。すなわち公家政権の文書行政を支える文書保管という業務を担保するために、小槻氏に大夫史の地位を独占的に請け負わせ、家の存続と結びつけたのだった。

さらに安定性がなによりも大事な業務であるため、政治的な浮沈に曝《さら》される一族に任せるのは危険である。そこで政治や権力の第一線からは離れたところにいる下級官人の立場が有効に働くことになる。小槻氏による大夫史の独占世襲は、中世的な太政官制度確立の指標という意義を持つ。律令制による厖大にして緻密な官僚機構の、不要な部分が形骸化し、必要な部分のみが利権として再編成される流れの中で、文書行政の基盤は小槻氏の世襲によって保証されることになった。文書保管という職務が、家の存続という利益と一体化した「職」に転換したといえるだろう。

そして安倍氏が年預主典代を独占するのも、小槻氏と同様の理由である。院庁関係文書の保管と院領荘園の（事務上の）管理が、安倍氏の使命だったと思われる。院政を敷いた院が個々に判断し、権力を発動する段階を経て、後鳥羽院の時代には院政に制度的裏付けが必要となったのだろう。中原基兼のように平氏権力と結んだり、中原政泰のように陰謀事件に連座するのではなく、権力とは一線を画して、制度の基盤を安定させることが求められた。最も信頼できるのは、特定の家に事実上の独占世襲を認めて、文書管理をはじめとする院庁の業務を請け負わせる方式だったのである。

女院庁との関係

後鳥羽院庁の年預主典代に就任した安倍資兼は、正治二（一二〇〇）年に守成《もりなり》親王（後の順徳《じゅんとく》天皇）の春宮大属《とうぐうだいさかん》（春宮＝皇太子の家政機関の職員）となり、後鳥羽中宮の藤原任子が院号宣下を受けて宜秋門院《ぎしゅうもんいん》となった際には、中宮少属（中宮の家政機関の職員）から宜秋門院庁の年預主典代に移行している。このように同氏は皇太子や中宮らの天皇家の面々に仕え、彼らが院庁を開設したあかつきには、年預主典代に就任して、院庁を統括したのである。

だが女院庁発給分も含めた院庁下文を通覧すると、この期におよんでも、すべての主典代が安倍氏になっているわけではない。八条院庁の下文に「主典代前山城守大江朝臣」の署名があるためである。八条院庁下文を集めてみると、中原・佐伯ら、複数の姓の主典代名が記されているのだが、最も多くみえるのは大江氏であり、寿永二（一一八三）年から建仁三（一二〇三）年の下文に登場する大江氏は、大江以孝《もちたか》という人物に比定することができる。

彼はおそらく建暦元（一二一一）年の八条院の死にいたるまで、年預主典代を務めていた。同じ大江氏では、鳥羽院の年預主典代に大江以平《もちひら》という者がいる（『兵範記』仁平二年三月八日条）。彼はまた美福門院庁下文にも署名している（永暦元年二月一三日　報恩院文書）。美福門院は鳥羽院の皇后で、八条院は二人の間に生まれた娘である。したがってこの関係のなかで大江以平・以孝が八条院庁に採用されたと考えられる。以平は鳥羽院とその后に仕え、以孝はそれを引き継いだのだろう。二人は親子か、それに類する関係だったのではないかと思われる。

院政期に生まれた女院という特別に待遇された女性たちは、周囲に多くの女房や侍を集め、政治・経済・文化の各方面にわたって大きな存在感を示した。八条院は前述のとおり、美福門院から受け継いだ安楽寿院領を中核とした莫大な荘園群（八条院領）の所有者である。その財力を背景に、彼女は独自の近臣団・文化圏を組織し、多くの天皇家子女の庇護者となった。その代表格が以仁王で、八条院の独立性のもとから、既存の権力を崩すきっかけがあらわれたといえる。そして大江以平・以孝の重要な仕事として、八条院領の管理事務があったにちがいない。

治承・寿永の内乱以後は、院による女院支配が進むが、そのなかにあって八条院は、自らの小世界を維持した最後の女院らしい女院だったと考えられる。彼女の死後、八条院領は後鳥羽院の管領下に統合され、大江以孝の足跡も消える。以後、院・女院を問わず、院庁下文の主典代の位置には安倍氏の署名以外みられなくなるのである。

後鳥羽院政と院庁

安倍氏の「資」を通字とする一族は、八条院の死後、すべての院庁・女院庁の年預主典代の地位を独占的に世襲し、実務部門を統括した。その地位は鎌倉時代末には「庁務《ちょうむ》」と称されるにいたる。太政官の実務部門を統括する小槻氏を「官務」と呼ぶのにならったのだろう。

院政のもとで多くの荘園が院のもとに集積されたが、それらは御願寺等の所管とされ、院鍾愛の女院に譲られた。だが後鳥羽院は多くの荘園群を自身の管轄下にとりこみ、天皇・女院を含む皇族全体の総帥の地位に立ったといえる。後鳥羽院による一元的支配の体制を作り出すために、すべての院・女院庁の統合が必要であり、全体を安定的に運営するためには、安倍氏による年預主典代の独占世襲が最も合理的な手段だったのである。

これまで述べてきたとおり、本来の院政の姿は、それぞれの院の持つ活力や新規性に応じて編成されるものであった。しばしば院自身の恣意が発揮されているように見えたのも、院政が既成の秩序を脱して新たな時代を作るための方法だったからだといえる。だが白河から後鳥羽にいたる流れのなかで、院政は通常の政治方式となり、院の個性や専制だけではカバーできない部分があらわれる。

院権力の拡大と浸透は事務や文書の増加を招き、それらを組織的に処理することが必要となる。個々の院の志向に応えるだけでなく、先行する院政の遺産を受け継ぎ、次代に伝えるという、院政の永続性や安定性を確保することが求められるようになった。この役目を果たすために形を整えてきたのが院庁で、安倍氏が年預の地位を独占世襲し、請負的に運営することによって、院政の基層部分を固めたのである。

安倍氏による院庁年預独占体制は、後鳥羽院の強権の産物であり、院政が制度として確立した証といえる。ここに院政は一定の制度的完成をみた。だが完成があきらかになったときには、その体制のもっとも輝かしい段階はもうすでに過ぎているのではないだろうか。院政の持っていた野放図な活力、女院に独自の世界をつくることを許した自由度の高さは、後鳥羽の独裁体制のもとに抑えこまれた。万能の王者は、すべてを配下に収め、あらたな局面に向かう。

後鳥羽勢力の形成

院政について論じた、もはや古典的成果といってよい石井進氏の『院政時代』は、「一二世紀末の鎌倉幕府の成立を中にはさんで、一二二一（承久三）年の承久の乱にいたるまでを、私は大きくいって院政時代であると考える」と述べている。承久の乱までの鎌倉幕

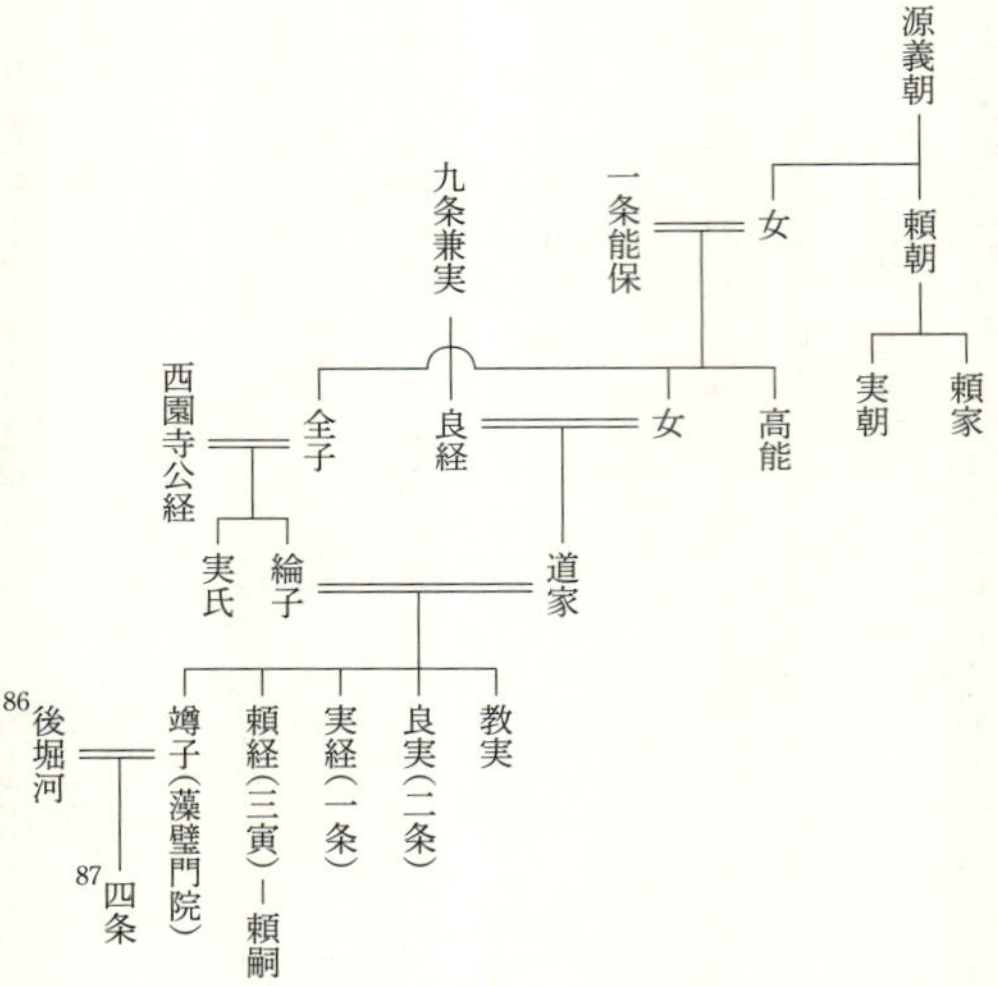

系図10

府は、事実上、地方政権にとどまり、公家政権あるいは院の優越性は依然として続いていたという意味であろう。たしかに後鳥羽院は新しい政権が生まれた意味を十分には理解していなかったし（したがって朝廷の優越性を疑っていなかったし）、鎌倉幕府も政権としては未熟だったといえるだろう。

　鎌倉幕府においては第二代将軍の頼家・第三代の実朝がともに横死した。将軍を補佐する執権の地位を確保して権力を固めようとする北条氏と他の御家人との葛藤は、梶原景時《かじわらかげとき》や和田《わだ》義盛《よしもり》ほかの有力御家人の粛清、平賀朝雅《ひらがともまさ》の将軍擁立事件など、さまざまな策謀や合戦を招き、ついには建保七（一二一九）年に将軍実朝が鶴岡八幡宮で殺害される。頼朝の直系が絶えたため、幕府は後鳥羽院に対して皇子の東下を申請した。だが後鳥羽は「イカニ将来ニコノ日本国二ニ分ル事ヲバシヲカンゾ」（将来日本国を二つに分裂させるようなことを、どうしてできようか『愚管抄』）と述べて、却下したという。代わりに九条家から道家（兼実の孫）の子三寅《みとら》が、将軍として迎えられることになった（系図10参照）。

鎌倉幕府は、頼朝の血統を諦め、都の貴種を将軍に据える道を選んだ。一方後鳥羽は、皇子を下向させることによって、幕府が朝廷と同等の権威を帯びることを恐れたのである。

万能の王を目指す後鳥羽は、武士の取り込み、軍事力の増強にも意欲的だった。従来の北面の武士に加えて西面の武士を創設し、在京御家人を登用した。その代表格が大内惟義《おおうちこれよし》（平賀義信の長男　系図11参照）である。

惟義は源氏一門の出身で頼朝の信頼も厚く、鎌倉と京都を頻繁に往来して在京御家人の筆頭という地位にあった。また、摂津・伊賀・伊勢・丹波・越前・美濃の六ヵ国の守護となって、東国と西国の境界となる国々を押さえていた。ほかにも建保二（一二一四）年に火災に遭った園城寺《おんじょうじ》唐院の造営を惣奉行として指揮するなど、広範な活躍を展開しており、その背後には後鳥羽院との緊密な関係があったと考えられる。惟義の弟の平賀朝雅は、北条時政《ときまさ》の娘婿（後妻の牧《まき》の方とのあいだの娘）で、時政が彼を将軍に

系図11

源盛義 ── 義信
　　　　　 ║ ─┬─ 朝雅
比企尼三女（頼朝乳母）　└─ 惟義（大内）

擁立しようと企てたために粛清されている（この事件によって時政は引退を余儀なくされ、北条義時と政子《まさこ》が幕府を主導する体制が確立した）。

また六勝寺の筆頭格である法勝寺の執行《しぎょう》（実務上の統括者、荘園をはじめとする資産の管理も担う）であった尊長《そんちょう》も、後鳥羽の有力な配下だった。彼の父は、頼朝の妹婿で、京都守護をつとめて頼朝の耳目となった一条能保である。法勝寺執行には、平家転覆を企てた俊寛・藤原信西の息子で後白河側近の静賢《じょうけん》・土御門天皇生母在子（承明門院《しょうめいもんいん》）の父能円等が任じられており、いずれも院政を陰で支える役割を担っていたと考えられる。尊長はそのなかでも、かなり血の気が多いほうで、たびたび騒擾事件を起こす比叡山延暦寺との交渉を引き受け、出羽国羽黒山《はぐろさん》の総長吏もつとめて修験のネットワークを取り込もうとしている。

武力との親和性という点では、やはり幕府とつながりがある者が有力である。京都や西国に馴染《なじ》みがあり、頼朝直系から北条氏への権力移行によって後景に追いやられた者らが、後鳥羽の配下に組織された。

承久の乱

後鳥羽は第三皇子の守成（一一九七〜一二四二）を寵愛し、承元四（一二一〇）年に土御門天皇を譲位させて、守成を践祚させた（順徳天皇）。さらに八条院の養女で、守成の異母姉の昇子《しょうし》内親王（春華門院《しゅんかもんいん》）を、守成の准母に据えた。昇子は八条院領の相続人であり、建暦元（一二一一）年の彼女の死後、その資産は守成の手に渡ったのである（系図12参照）。

　後鳥羽院政のもとで順徳天皇は政治的権力をふるうことはできなかったが、有職故実の研究に精励し、天皇や側近の臣の心得るべき先例や知識をまとめて、『禁秘抄《きんぴしょう》』を著した。これは天皇自身の手になる故実書として、後代にいたるまで珍重される価値を持つものとなった。兄の土御門が穏和な性格で倒幕には関わらなかったのに対し、順徳は自分なりの方法で天皇権威の復興や継承を実現しようとしており、後鳥羽とともに承久の乱への道を進んでいたといえるだろう。

　承久三（一二二一）年四月、後鳥羽は二五歳の順徳天皇を譲位させ、その皇子の懐《かね》成《なり》親王を践祚させた（仲恭天皇）。順徳を倒幕に参加させるための措置である。そして五月一四日、後鳥羽はついに武力行動に踏

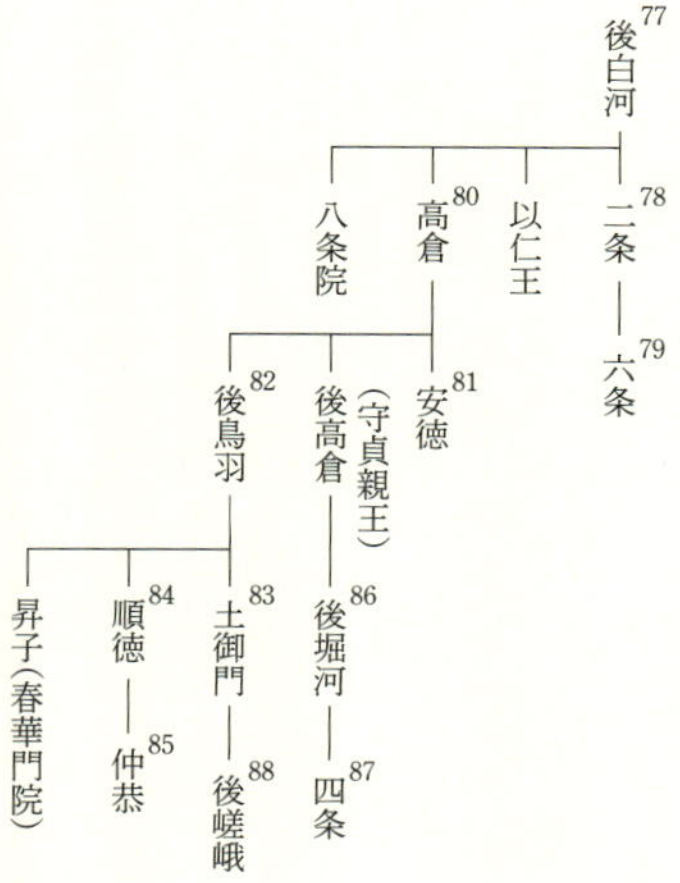

系図12

みきった。畿内近国の本所領荘園の武士や僧兵を召集するとともに、大内惟信《これのぶ》（惟義の息子）・佐々木広綱《ひろつな》・三浦胤義《たねよし》らの有力御家人を差し向けて、京都守護伊賀《いが》光季《みつすえ》を誅殺した。また親幕派の公卿西園寺公経・実氏父子を捕えて幽閉した。

都における反対勢力を抑えた上で、後鳥羽は追討の官宣旨と院宣を発した。官宣旨は左右の弁官局から発せられる、中世文書のなかでも最も格式の高い様式である。通常の命令には左弁官下文が用いられ、右弁官下文は犯人追捕《ついぶ》や朝敵追討の際にのみ使われる。今回は右弁官下文が作成された（承久三年五月一五日　官宣旨写　小松美一郎氏所蔵文書）。

その内容は、幼少の将軍の名を借りて天下の政務を乱している執権北条義時の追討を命じるもので、宛先としたのは「諸国庄園守護人地頭等」であった。つまり後鳥羽の意図は幕府の否定ではなく、執権北条氏を排除して、幕府や御家人らを自身の傘下に収めることだったのである。自ら新しい体制を創成するのではなく、新旧を問わず既存の体制のすべてが院・天皇の朝廷の意思のもとに置かれることを自明とする志向をみてとることができる。「九州の地は一人の有なり。王命のほか、いずくんぞ私威をほどこさん」と、王土を遍《あまね》く覆う天皇の権威を宣言した王土主義が、その背景にあるのだろう。ただし、王土主義を打ち出した藤原信西が確固たる構想と現実的な政策の推進者だったのに対し、後鳥羽にあるのは、朝廷社会の外には全く裏付けを持たない全能感だけだった。

後鳥羽院の敗北

後鳥羽の目論見では、追討宣旨によって東国は大混乱に陥り、全国の武士が院のもとに続々と馳せ参じるはずだったのだろう。だが、源頼朝の未亡人政子が大演説を行って御家人らをまとめ、北条義時は迅速な上洛を第一として、息子泰時《やすとき》をわずか一八騎で進発させた。政子は亡夫頼朝の幕府草創以来の恩を語り、逆臣の讒言《ざんげん》による非義の追討を批判して、皆の忠誠心と功名心をあおったのである。数日のうちに東軍は一九万騎に膨れあがり、西軍一万九〇〇〇騎の一〇倍に達した。いくら立派に見えるものでも、文書による呼びかけと、命がけで戦う者どうしの紐帯とを比べれば、その勝敗はあきらかだろう。

東軍は次々と西軍の拠点を破り、京都に接近した。六月八日、敗走した総大将藤原秀康《ひでやす》らが帰洛し、西軍劣勢のむねが報じられた。ついに一五日、宇治・勢多《せた》両所での最後の防衛戦に敗れた秀康・三浦胤義が院御所に参じ、敗戦が決定的になったことを告げる。『承久記《じょうきゅうき》』によれば、御所で敵を迎え撃って討ち死にする覚悟を述べる胤義に対して、後鳥羽は東軍に攻め込まれては迷惑だとして、彼を追い出したという。

後鳥羽はただちに小槻国宗《おづきくにむね》を勅使に立てて、北条泰時の陣に送った。国宗は太政官弁官局を統括する大夫史の地位を相伝した者である。彼が持参した院宣には「今度の合戦は叡慮に起らず。謀臣等の申し行うところなり」という見苦しいいわけが記されていた。このとき泰時は、下馬して院宣を受け取り、配下の五〇〇〇人の武士のなかに「院宣を読むべきの者」を探した。武蔵国住人の藤田三郎という者が「文博士《ふみのはかせ》」で適任だと推挙されて、院宣を読んだという。

このエピソードは、五〇〇〇人のうちに院宣を読める者が一人しかいなかったとして、鎌倉武士の無教養をあらわす例とされることもあるのだが、むしろ朝廷の発する文書の文体や語彙《ごい》が、当時の社会全体のなかで、きわめて特異であったと考えるべきだろう。限られた特殊な教育を受けてはじめて、読んで理解することができるものだったのだ。泰時をはじめとする五〇〇〇人の武士たちは、内容の如何は問わず、院宣に敬意を払い、その重要性を理解していた。この長い一日について述べる『吾妻鏡』承久三年六月一五日条は、「悲しむべし。八十五代の澆季《ぎょうき》(乱れた世・末世)にあたりて、皇家絶えんと欲す」と締めくくられる。

流刑と退位

「勝てば官軍」という言葉があるが、官軍でないほうが正当な勝利をおさめたという意味で、承久の乱は画期的だった。そして勝った幕府側は、後鳥羽院を隠岐《おき》、順徳院を佐渡《さど》に流刑とした。土御門院は倒幕に関与していなかったとして、幕府は罪に問わなかったが、土御門院自身が都を離れることを選び、はじめは土佐《とさ》、後に阿波《あわ》国に移った。

さらに幕府は、践祚したばかりの天皇（懐成親王）を譲位させ、茂仁《ゆたひと》親王を天皇位に据えた（後堀河《ごほりかわ》天皇）。茂仁は高倉天皇の孫にあたり、このとき一〇歳。後鳥羽院の直系を避け、まだ出家していない皇子を探すと彼しか残っていなかったのである。父は守貞《もりさだ》親王で、安徳天皇の異母弟にあたる。安徳とともに平家の都落ちに伴われ、救出されて帰京したものの、すでに同母弟の後鳥羽が即位して居場所がなくなっていたという不運な人物である。持明院《じみよういん》基家《もといえ》の娘陳子《ちんし》を妻として三男四女を儲けたが、将来に望みを持てず建暦二（一二一二年）年に出家した。

茂仁が幼少のため、幕府は守貞に太上天皇の尊号を奉り、後鳥羽の支配していた所領を与えて、院政を敷かせることとした。全く異例のことだが、政治手法として「院政」がそれほど浸透していたということだろう。「いと数まへられ給はぬふる宮」（ものの数ではない年取った親王『増鏡《ますかがみ》』）であった守貞は、この後二年ほどで世を去るが、後高倉院《ごたかくらいん》という院号を贈られた。一方、懐成親王は在位期間が短く、即位式も大嘗祭も行われなかったため、九条廃帝・承久の廃帝などと呼ばれ、天皇歴代に数えられぬままとなった。明治三（一八七〇）年に政府によって追諡《ついし》の沙汰がされ、仲恭《ちゆうきよう》天皇という諡号《しごう》が贈られた。以後、第八五代天皇として数えられている。

第八章　院政と公武関係

承久の乱後の体制

一〇歳で即位した後堀河天皇は、貞永元（一二三二）年一〇月、二歳の秀仁《みつひと》親王に譲位し（四条《しじょう》天皇）、院政を敷いた。だがもともと病弱な後堀河は二年足らず後の天福二（一二三四）年八月に二三歳で崩御、幼帝のみが遺されるという珍しい状況となる。四条天皇の母竴子《しゅんし》（のちの藻壁門院《そうへきもんいん》）は、九条道家《みちいえ》と西園寺公経の娘綸子《りんし》との間に生まれた子である。親幕派の有力者である外祖父道家と公経が事実上、政務を握り、幼帝を支える体制がしばらく続いた。

鎌倉幕府は、貞永元年に御成敗式目《ごせいばいしきもく》を制定し、法や裁判によって、すべての御家人を公正に処遇する体制を整えた。一方の九条道家は、翌天福元（一二三三）年に自らの施政方針をあらわす奏状を作成した（天福元年五月二一日　九条道家奏状案　天理大学図書館所蔵）。任官叙位の事・訴訟決断の事の二ヵ条から成るもので、人事・裁判の公正・迅速をうたって、幕府と同調しての「徳政」を主張した。天皇の外祖父であると同時に、息子の頼経を将軍として幕府に送り込んでいる道家は、幕府優位があきらかとなった状況下で、公武協調の合理的な政治路線を推進したのである。

公家政権は四条天皇の成長を待って、天皇家の拡充を願っていたにちがいない。だが仁治三（一二四二）年、四条天皇はわずか一二歳で急逝した。もちろん皇嗣はいない。道家をはじめ、朝廷の大勢は順徳天皇の皇子忠成《ただなり》王（佐渡に配流となった順徳の皇子なので佐渡院宮と呼ばれていた）を後継者と目したが、幕府は承久の乱に消極的であった土御門天皇の皇子邦仁《くにひと》王（阿波院宮）を指名してきた。邦仁王の大叔父で、北条泰時の姉妹を妻としている土御門定通《さだみち》が運動した結果だという。

ただし九条道家は、新帝の人選について、自発的に鎌倉に使者を派遣している。忠成王の即位を幕府に承認してもらうことが必要と考えたのだろう。もちろん承久の乱以前には考えられなかった措置だが、それ以上に、道家は忠成王が否定されるとは想定していなかったにちがいない。

鎌倉から邦仁指名の使者に立った安達義景《よしかげ》は、出発前に執権の北条泰時に尋ねた。「順徳院の宮が位に就かれていたらどうしましょう」泰時は「遠慮はいらない。そのようなことになっていたら、位からおろしまいらせよ」と答えたという（『五代帝王物語』）。親幕派の道家の予想を超えて、幕府は強硬であった。幕府によって、新帝の人選が覆されたことは貴族たちに衝撃を与えた。「末世の至極」などと嘆く（『平戸記《へいこき》』正月一九日条）一方で、邦仁王や土御門定通のもとに慌てて参上し、新たな権力者にとりいろうとする者も多かった。

承久の乱後の院庁

上記のごとく公家政権の退潮は著しく、邦仁が践祚した後嵯峨天皇が譲位するまで、二十年余の院政の空白期間が現出することとなった。しかしながら後鳥羽院の強権の産物であった安倍氏による院庁請負体制は、この間に粛々と組織固めを行い、来たるべき後嵯峨院政に備えていた。

承久の乱後、幕府は八条院領・長講堂領等の皇室領を没収した。いずれもほどなく返付されたが、そのような大規模な権利の移動に関わる事務処理をこなすことができるのは、安倍氏以外にいなかったと思われる。平清盛の治承三（一一七九）年のクーデターの際に、院庁預の中原宗家が捕えられ、院領の目録の提出を命ぜられたことを思い起こせば、安倍氏の役割の重要性はあきらかである。その後、八条院領は、後高倉院から娘の安《あん》嘉門院《かもんいん》へ譲られ、長講堂領は宣陽門院の所管となり、安倍氏が事務を管掌した。暦仁元（一二三八）年の史料には「資高（安倍）数代庁務の者なり」と記され（『経俊卿記《つねとしきょうき》』一〇月二三日条）、院庁を率いる同氏の地位が貴族社会で認知されていることがわかる。鎌倉時代末には「庁務」という語は「庁務資重」のように用いられ（『公衡公記《きんひらこうき》』正和四年四月二五日条）、役職名として完全に定着していた。

院庁には、院・女院のためのさまざまな物資を調達・調整する役割もあり、供御人《くごにん》と呼ばれる特定産品の貢納を請け負う集団を配下におさめて、商工業者とも関係が深かった。また、京中の土倉《どそう》（金融業者）に対するなんらかの課税権も持っていたと考えられる（『公衡公記』正和四年四月二五日条）。院・女院の活動を支えながら、院庁と安倍氏は、公家政権と京都の基層部に着実に根を広げていったのである。

岩倉宮・四辻宮

後嵯峨天皇の誕生は、朝廷の貴族たちにとって全く予想していなかったできごとだった。父の土御門院が阿波国に配流されたため阿波院宮と呼ばれていた後嵯峨は、祖母の承明門院《しょうめいもんいん》の御所で世話になっていた。寄り付く者もなく、屋敷内には草がぼうぼうとはびこり、門も歪んで開かないようなありさまだったという。すでに二三歳になっていたが、まず元服を遂げて邦仁という諱《いみな》を定めた後に、践祚の手続きに入らねばならなかった。

邦仁はこの前年に出家を考えたが、即位の可能性を暗示するような奇瑞があって思いとどまったという逸話も伝えられている。実のところは、有力な庇護者がないために、身のふりかたを決められなかったのだろう。有利な条件で出家するにも、やはりうしろ盾が必要なのだ。

白河院以来、天皇家は後継者の絞り込みを原則としてきた。天皇になれず、出家もしない皇子は、就くべき公職も果たすべき役割もなく、居場所がなかったのである。だが順徳の皇子の世代には、在俗のまま嗣子を儲け、代々子孫を生すケースがみられるようになる。皇位継承者を確保したり、天皇を支えるために制度化された近世以降の世襲親王家（宮家《みやけ》）とは異なるが、新しい傾向として触れておこう。

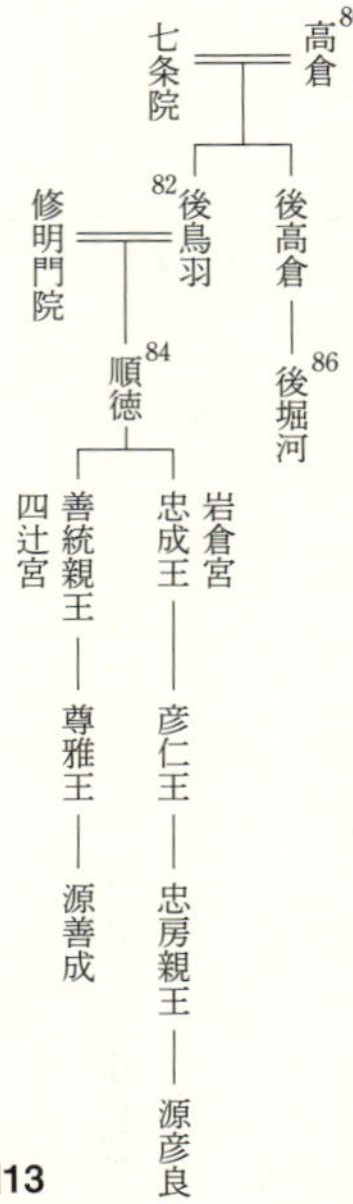

系図13

　後嵯峨と争って排除された忠成王は宝治元（一二四七）年にひっそりと元服を遂げた。周囲の同意を得ていなかったようで、『葉黄記《ようこうき》』は批判的な意見を述べている（二月二五日条）。また同年八月に上洛した幕府の使者が、この元服のことを話題にしており、幕府が忠成王の行動を注視し続けていたことがわかる（『葉黄記』八月一八日条）。

　その後の忠成王は、岩倉宮《いわくらのみや》・広御所宮《ひろごしよのみや》などと呼ばれている。息子彦仁王《ひこひとおう》は臣籍降下して源姓となり、正三位左近衛中将に叙任された。その息子の忠房《ただふさ》は二条兼基《にじようかねもと》・後宇多天皇の猶子《ゆうし》とされて、権中納言に昇った後、親王宣下を受けている（系図13参照）。忠房のケースは、臣籍に下った者の子が皇籍に復帰した唯一の例で、近年皇族数の減少が案じられる中で、一部論者が注目している。第二次世界大戦後に皇籍を離れた宮家の子孫の男子を、なんらかの形で復籍させて、新たな皇族メンバーとする可能性を探るための先例になるからだ。

順徳の皇子で出家しなかった者としては、ほかに善統《よしむね》親王がいる。彼の系統は四辻宮家《よつじのみや》と称された。善統の孫にあたる善成《よしなり》（嘉暦元〈一三二六〉～応永九〈一四〇二〉）は、『源氏物語』の注釈書として極めて大きな意義を持つ『河海抄《かかいしょう》』を著した。古典学者・文化人として公武を問わず多くの者に教えを授けたという。善成は文和五（一三五六）年に臣籍降下、二条良基《よしもと》の猶子として従一位左大臣にまで昇進した。最晩年には親王宣下を望んだが、これは叶えられなかったという（『荒暦《こうりやく》』応永二年八月二八日条）。

臣籍降下や、いったん人臣となってからの親王宣下など、天皇家の正規構成員と人臣との境界が流動的になってきたことがうかがえる。これらの境界的な宮家メンバーの処遇は、武家との関係に左右されることが多い。四辻善成の昇進や親王宣下の断念にあたっては、将軍足利義満《よしみつ》や、善成の歌道の門弟だった管領斯波義将《しばよしまさ》の判断が影響を持ったという。武家の力で制御可能で、混乱を招く恐れがない程度の流動性なら与えられるということだろう。

七条院領

岩倉宮・四辻宮両家が、門流を保っていくことができた最大の理由は、経済的な裏づけがあったことである。その源は、彼らの祖母の修明門院《しゆめいもんいん》（藤原範季《のりすえ》の女重子《じゆうし》）が、姑にあたる七条院から受け継いだ所領群だった。

七条院（坊門信隆女殖子）は後鳥羽院・後高倉院の生母で、後鳥羽からの譲与分を中核とする五十余の荘園および摂津水無瀬《みなせ》殿・山城仁和寺殿等を所有していた。長講堂領・八条院領に次ぐ規模の荘園群である。これらは承久の乱で、いったん幕府に没収された後に返却されたと考えられている。安貞二（一二二八）年、七条院が没する直前に資産の処分が行われ、三八ヵ所が修明門院に譲られた。この処分は「遠所《えんしよ》の仰せ」、すなわち隠岐に配流された後鳥羽院の意向に従って行われたといわれており（『明月記』寛喜元年七月二七日条）、七条院の資産に対して、なお後鳥羽院の力が及んでいたことが知られる。

修明門院は、忠成王や善統親王を保護し、自身の住まいである四辻御所で養育していた。とくに後者は、生母が修明門院と同じ家の出身で縁が深かったといえる。彼女は、三八ヵ所の所領群と四辻殿を善統親王に譲与し、そのおかげで善統の子孫は四辻宮家と呼ばれて存続することができたのである。弘安三（一二八〇）年、善統親王は三八ヵ所のうちの二一ヵ所を後宇多天皇に譲進した。当時治世を担っていた大覚寺統の庇護を願っての措置と考えられる（弘安三年七月二九日　後宇多天皇綸旨案　東寺百合文書ヒ）。さらに彼は正応二（一二八九）年に残りの一七ヵ所を後宇多院に差し出そうとしたが、こちらは謝絶されてしまった。

さて忠成王に始まる岩倉宮家も、七条院領について黙って見ていたわけではなかった。彼らも所領獲得に向けてさまざまな画策を試みていたらしい。石蔵三郎宮《いわくらさぶろうのみや》と呼ばれる人物――おそらくは忠成王の息子――が一七ヵ所の所領を掠め取ろうとしており、後宇多院の管理下に置いてもらえなければ、奪われてしまうと、善統親王が訴える書状がのこっている（年月日未詳　善統親王書状案　東寺百合文書り）。さらに永仁二（一二九四）年に、摂津国水無瀬・井《い》内《うち》両荘を岩倉宮に安堵するむねの伏見天皇綸旨が発せられている（永仁二年二月二日　伏見天皇綸旨　摂津水瀬宮文書）など、一七ヵ所の所領群については、岩倉宮家も一定度の知行権を認められていたのである。後宇多院が一七ヵ所を受け取らなかったのは、両家の争いに巻き込まれるのを避けるためだったのだろう。

両宮家の関係

七条院領をめぐって争う両宮家は、幕府にも訴え出たらしい（竹内文平氏所蔵文書）。

修明門院御遺領のこと、聖断たるべきの旨、先日言上候おわんぬ。所詮道理に任せて御沙汰を経らるべきの由、申すべきの旨に候。この趣を以て洩れ披露せしめ給うべく候。恐惶謹言。

十二月十二日　　　　陸奥守宣時

幕府の連署（執権を補佐する役）である大仏宣時《おさらぎのぶとき》から、公武の連絡役を務める関東申次の西園寺家に宛てて出されたと思われる書状である（宣時の陸奥守在任期間からして、正応三〈一二九〇〉年から正安二〈一三〇〇〉年のものと思われる）。西国所在の皇室領に関わる案件は、朝廷の裁判権のもとにある。鎌倉幕府は朝廷の管轄権を極力侵害しない方針をとっていた（できるだけかかわりあいにならないようにする――というのが本音だろうが）。

一方で貴族や寺社等は、朝廷の裁定では実効性に欠けると見るや、幕府に解決してもらおうと、あらゆる伝手《つて》をたどり、さまざまな方法で訴えた。幕府としては、直接の判断は下さず、「たしかに聞き置いた」とか「そちらでよろしいようにご判断ください」など、あたりさわりのないことを言って差し戻すのが通常の対応だった。上記の書状でも、道理に従って聖断を下すようにと述べているだけである。道理や聖断で済むなら、はじめから幕府に持ち込むわけはないので、結局もとに戻って堂々めぐりとなる。要するに両宮家の争いは泥沼化していたといってよい（ただし公家政権内でのこのような係争は、対立しつつも依存しあっているような曖昧かつ複雑なものであることが多い。武家政権における同様の対立が、骨肉相食《は》む凄惨な経緯をたどるのとは対照的である）。

忠成王・善統親王の次世代については情報が乏しく、詳細は不明である。ただし小川剛生氏は、系図上善統の息子となっている尊雅と孫の善成は、年齢からして忠房王（忠成の孫）の実子だった可能性もあると指摘している（「四辻善成の生涯」）。所領をめぐる権利関係が複雑なだけでなく、血統も相互に乗り入れていたというのである。

両宮家は七条院領という経済的基盤があったおかげで、院・天皇や摂関家、武家等の庇護に頼りながら、細々と存続した。だが「宮家」運営のための制度的な裏付けがなかったため（院庁や東宮職にあたる組織もなく、一家として公式に認定する仕組みもない）、居場所を求めて皇胤と臣下との間を揺れ動くこととなり、ほぼ自然消滅のような形で断絶した。「宮家」を存続させる必然性を、公武両政権いずれもが認めていなかったのだといえる。また皇室領については、もはや新規所領を獲得する力はなく、院政はなやかなりし頃に形成された所領群をめぐって、複数の系統が争い、結果として支配力を劣化させていくこととなった。岩倉・四辻両宮家のなりゆきは、この先の天皇家の行く末を先取りするものだった

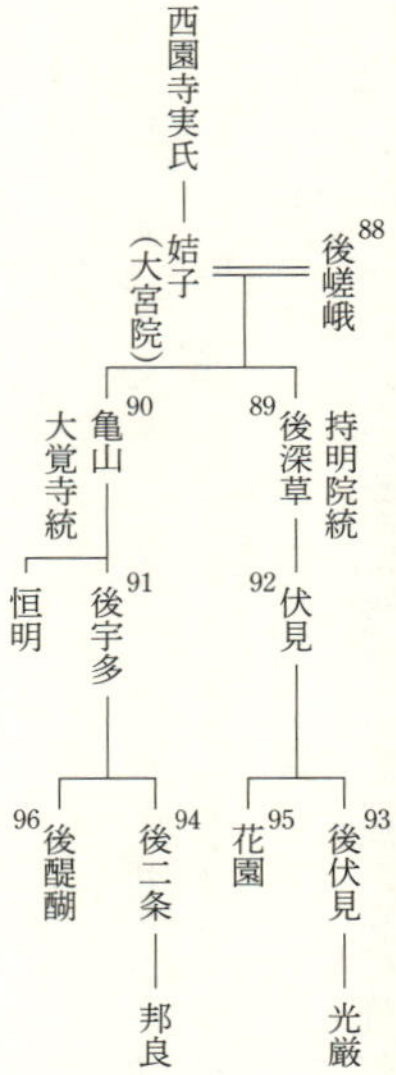

系図14

のである。

後嵯峨院政と公武の連携

後嵯峨天皇は西園寺実氏《さねうじ》の長女姞子《きつし》を中宮とし、多くの子女を儲けた。践祚から四年後の寛元四（一二四六）年正月末には久仁《ひさひと》親王（後深草《ごふかくさ》天皇）に譲位して院政を開始した（系図14参照）。鎌倉では、御嵯峨天皇擁立後ほどなく亡くなった北条泰時のあと、その孫の経時《つねとき》が一九歳の若さで執権職に就いた。彼は訴訟・裁判の振興を打ち出し、成人した摂家将軍頼経を権力から遠ざけ、執権を中核とする御家人支配の仕組みを作ろうとした。だが経時も病に倒れ、寛元四年三月には弟の時頼《ときより》が後継となる。その決定は「深秘《しんぴ》の御沙汰」（執権私邸における秘密会議）によって成されたという。さらに北条氏庶家の名越《なごえ》氏は将軍頼経と結んで謀反を企てたとして粛清され、頼経も京都に送還されることとなった。頼経の父である九条道家も加担を疑われて失脚し、彼が握っていた関東申次の役は、それ以来西園寺家が独占することになった。この顚末を宮騒動と呼ぶ。

鎌倉幕府は、合理的で公正な政治の追求と、絶えざる陰惨な争いという矛盾した方向性を抱え、両者の葛藤はその滅亡まで解消されることが叶わなかった。陰の深さに反比例して、支配対象に対する公正なまなざしは「徳政」という政治方針に結実し、さらに民衆を保護・慰撫する「撫民《ぶみん》」という概念をも生んだ。鎌倉幕府は、対症療法としての政治ではなく、政治の原理とでもいうべきものを追い求めていたといえるだろう。

八月、幕府は宮騒動の経緯を後嵯峨院に報告するとともに、「公家ことに徳政を行わるべし、叙位・除目以下万事正道に行わるべし」という申し入れを行った（『葉黄記』八月二七日条）。これを受けて院は院評定制の整備を進めた。政務運営をになう評定衆は、関東申次の西園寺実氏、後嵯峨即位に貢献した土御門定通らの有力廷臣のほか、名家と呼ばれる中流の文官貴族で構成され、儀礼体系の維持やすみやかな文書作成、論理的思考に基づく政治判断が実現した。院政全盛期の、院のカリスマ性に牽引される属人的な政治手法ではなく、合理的に編成された組織と手続きによる政治である。もちろん鎌倉幕府の意向をうかがいながらの運営で、かつての破天荒な活力は望むべくもない、すぐれて予定調和的な展開だった。

両統迭立への道

しかしながら予定調和から外れた事態があった。正元元（一二五九）年、後嵯峨院は後深草天皇を譲位させ、弟の恒仁《つねひと》親王を践祚させた。亀山《かめやま》天皇である。後深草一七歳、亀山一一歳の時のことで、二人は中宮姞子が産んだ同母の兄弟である。後深草は、『増鏡』に「余りささやかにて、又、御腰等のあやしく渡らせ給ふぞ口惜《くちお》しかりける」（内野の雪）と描写されている。ひどく小柄なうえ、腰が弱くて起居動作に不自由があるなどの、身体的な問題があったらしい。性格も内向的だったという。それにくらべて明朗で明晰な弟の亀山を、両親は偏愛する傾向にあった。さらに文永四（一二六七）年、亀山に皇子が生まれると、後嵯峨は生後わずか八ヵ月で立太子させて後継者と定めた。

後嵯峨は権力を保ち続けて、文永九年に五三歳で崩御した。政権の行方については「御治世のことは関東計らい申すべし」と、幕府の意向に委ねるとの曖昧な遺詔しかなかったために、後深草院・亀山天皇のどちらが政権を主宰するかを決めかねるという事態が生じた。幕府は、この裁断を母の姞子（大宮院）に一任し、彼女が「先院の御素意は当今にまします」と述べたために、政治の実権は亀山にわたった。さらに、その皇子の世仁《よひと》親王

（後宇多天皇）が権力を受け継いだのである（『五代帝王物語』『神皇正統記』）。

前述のとおり、後嵯峨は鎌倉幕府によって立てられた天皇である。そして同母の兄弟である後深草と亀山とのあいだには、父母の寵愛の多寡以上には有意な差がみあたらない。後嵯峨擁立が朝廷の内発的な動機によるものでなかったこと、次世代の後深草・亀山の優劣が曖昧だったこと、要するに権力を強力に一本化する要素が乏しかったために、この後皇統は二つに分裂する。亀山は二年後の文永一一年に譲位して院政を敷くが、これを不満とした後深草は太上天皇の尊号を辞退して出家する意志を表明した。関東申次の西園寺実兼《さねかね》が幕府と折衝し、後深草皇子の煕仁《ひろひと》親王（のちの伏見《ふしみ》天皇）を、後宇多天皇の皇太子に立てることに成功する。以来、皇統は後深草系の持明院統と亀山系の大覚寺統とに分かれ、相互に競合しながら政務を運営する両統迭立《りょうとうてつりつ》と呼ばれる時代に入る。

二つの皇統から次々に天皇が立ち、それぞれの父や祖父が院政を敷こうと画策する状況では、実質的な政権の主宰者をあきらかにすることが必要となる。これを「治天《ちてん》の君」または「治天」と称する。承久の乱以前にも複数の上皇が並立したことはあったが、それは政権を主導する力を持つただ一人の院が、むしろ自発的に引き起こした結果であり、彼の傑出性はあきらかであった。ところが後嵯峨以降、政権を主導する地位は、自ら摑むのではなく、より強い権力を持つ者、あるいはすでに権力を握っている者から与えられるものとなった。権力を求める候補者のなかから、誰が選任されるかが問題となり、選任された者を指す呼称が必要になったのである。

競馬のごとし

弘安一〇（一二八七）年一〇月一二日、鎌倉幕府からの使者佐々木宗綱《むねつな》が皇太子熙仁親王への譲位を申し入れる知らせを京都にもたらした。宗綱は親書を入れた文箱を関東申次西園寺実兼に届けた後、回答を待つことなく、すぐに帰路についているので、これは事実上の命令である。同二一日には後宇多天皇が譲位し、伏見天皇が誕生、父である後深草院が治天の君として政務をとることになった。大覚寺統から持明院統への政権交替である。この情報が流れると、亀山院の冷泉万里小路殿《れいぜいまでのこうじどの》はにわかに活気を失い、逆にあらたな皇居となる富小路殿《とみのこうじ》には多くの臣下が参候し、あちこち修理するなど、一挙に華やかになった。

文永一一年と弘安四年にはモンゴル軍が来襲する文永《ぶんえい》・弘安《こうあん》の役がおこっている。日本に決定的な打撃を与えることなく、モンゴル軍は撤退したが、戦った御家人や戦勝の祈禱をさせた寺社への恩賞等、幕府はさまざまな問題を抱えることとなり、社会は大きな節目を迎えていた。幕府としては、朝廷の主導権争いに煩わされている場合ではなかったろうが、両統は自派の形勢を少しでも有利にしようと、さかんに鎌倉に使者を派遣した。その様子は世間から「競馬《くらべうま》のごとし」と揶揄されたのである。

両統が幕府の意を迎えて政権の交替をはかろうとする状況をみると、もはや公家政権は当事者能力を失っているようである。院政の開始以来、天皇は自立的な権威ではなく、院政の主宰者たる院や前天皇らの既存の権威によって正統性を与えられる存在となった。さらに承久の乱後は、その「既存の権威」の存在すら危うくなった。後嵯峨は鎌倉幕府に擁立され、亀山は母の大宮院の発言によって治天の君となった。そして両統迭立の緊張関係のもとでは、前任者である他統の天皇から正統性を与えてもらうことはできない。天皇家内部で、権威を受け渡すことができなくなったために、彼らは外部の権威、政治の実権を握る幕府に皇位継承の決定権を委ねざるを得なかったと考えられる。

ただし両統は、必ずしも対立していたわけではないし、近臣らも二つに分かれていたというわけではない。後深草・亀山兄弟の関係が良くないと関東で噂されていると聞けば、互いの御所を訪問しあって、蹴鞠や小弓等の遊興をともにした。また、母大宮院のための両院そろっての宴会など、しばしば交流の機会を持ち、なかなか複雑な関係が続いたのである（『とはずがたり』）。

持明院統と大覚寺統

後深草院が正応三（一二九〇）年に出家した後は伏見天皇の親政となるが、伏見は永仁六（一二九八）年に譲位、その息子で皇太子であった胤仁《たねひと》が一一歳で践祚して後伏見《ごふしみ》天皇となる。彼の皇太子には大覚寺統から邦治《くにはる》親王が立ち、正安三（一三〇一）年には早くも代替わりとなって後二条《ごにじょう》天皇が誕生、後宇多院の院政となった。後二条治世の前半期には、後深草・伏見・後伏見・亀山・後宇多と、五人もの天皇経験者＝上皇が並んだ。内発的な必要ではなく、両統の競合に由来する頻繁な代替わりは、天皇や上皇の権威をますます低下させたといえるだろう。徳治三（一三〇八）年八月、後二条天皇は病気のため、二四歳で崩御した。

後二条天皇の皇太子は持明院統から立てられている。伏見院は、持明院統の後伏見から大覚寺統の後二条へと、両統が交替で践祚する場合は、譲位した天皇の皇子が皇太子に立つのが先例だと主張した（昭和五一年東京古典会出陳文書　伏見が参照しているのは、平城天皇・嵯峨天皇の例だが、いずれも後継者問題がこじれて、薬子の変・承和の変を誘発しており、あきらかに凶例である。当面のロジックを成り立たせるためには内実は問わないという、先例主義の浅薄な面をよくあらわす事例であろう）。ただし譲位時に一四歳の後伏見に皇子がいるはずもなく、伏見の第四皇子で五歳の富仁《とみひと》に親王宣下・立太子という運びとなった。さらに伏見院は持明院統を分裂させないために、富仁を後伏見の猶子とし、後伏見に皇子が生まれた場合には、その皇子を正嫡とすべきことを取り決めたのである（保井芳太郎氏所蔵文書）。

かくて富仁親王が一二歳で践祚、花園《はなぞの》天皇となった。また問題となるのは、彼の皇太子である。次は大覚寺統からということになったが、候補としては亀山院晩年の皇子恒《つね》明《あき》、後二条の皇子邦良《くによし》、さらに後宇多の第二皇子尊治《たかはる》がいた。恒明は父亀山の鍾愛を受けていたが、亀山が嘉元三（一三〇五）年に崩御した後は支援者もおらず、事実上、立太子の可能性は失われていた。後宇多は直系継承の原則から邦良を第一候補と考えたが、邦良は三歳と幼いうえに病弱であった。そこで後宇多は、ひとまず尊治を皇太子の座に就け、尊治一代の後はすべてを邦良に譲るよう申し置いた。邦良を実子のごとく慈しみ、後宇多の意志を守るよう孝行を尽くせというのである（徳治三年閏八月三日　後宇多上皇処分状案　東山御文庫記録）。尊治は後に後醍醐天皇となり、邦良の即位は叶わなかった。だが、このときの二人の候補者はいずれも子孫を残し、恒明は常盤井宮《ときわいのみや》、邦良は木寺宮《きでらのみや》と呼ばれる宮家の祖となって、しばらく続いたのである。

当事者である公家政権が天皇位の決定権を握っておらず、流動的な政治状況のもとでは、両統迭立の体制は頻繁かつ予想しがたい天皇の交替をもたらした。そのため各統では、直系の後継者を確保できないケースもあらわれた。これ以上の皇統の分裂を避けるために、家族関係を操作したり、特定の天皇の権利を制限するなどの方策がとられたのである。

両統迭立の原則

両統迭立については、両統が交替で即位する・それぞれの在位年数は一〇年とする——などの原則で運用されたと、一部では説明されてきた。だが、ここまで述べてくれば確たるルールがあったとは思えないことがおわかりいただけただろう。両統は鎌倉に頻繁に使者を派遣し、自派に有利をもたらすような理屈を披陳《ひちん》していた。彼らが、その場の都合で繰り出す主張から上記の「原則」が導き出され、取り決めとして確定されたもののように流布してしまったらしい。

『梅松論』に「御在位の事においては、一の御子後深草院・二の御子亀山院の両御子孫、十年を限りに打ち替わり打ち替わり御治世あるべきよしはからい申す」とみえているのが、この原則についてのまとまった記述といえる。ただし、根拠となる一次史料はさだかでない。

後二条天皇の治世が七年目に入った徳治二（一三〇七）年、持明院統は皇太子富仁（のちの花園天皇）への代替わりを訴える事書《ことがき》を作成した。実質的な送付先である幕府執行部の要員は、位階が四位どまりで、朝廷側の院や公卿とは身分の差が大きい。差出者と受取手とのあいだの身分のバランスを重んじる一般的な文書様式を使用するのはむずかしいため、「事書」と呼ばれる、内容のみを書き付ける様式をとるのである。

事書の内容は、まず「そもそも後深草院・亀山院両院御流、断絶すべからざるの由、関東先々申されおわんぬ」とある。皇統をひとつに絞るのではなく、両統いずれもが存続するのが、幕府も認める前提であると確認している。そのうえで伏見天皇が短期間で交替させられたことをなじり、「一方の御競望《けいもう》」（大覚寺統の強引な主張）を受け入れたために世情が安定しないのだと述べる。すなわち両統の公平な扱いを求めているわけで、天皇と皇太子を交替で出すという方法にいきつくことになる（もちろん自統が有利な時には、天皇も皇太子も自統で固めるためのロジックを作り出すのはいうまでもない）。さらに順序ばかりでなく、治天の期間の比較にも及ぶ。大覚寺統は二三年、持明院統はわずかに一四年で、たいへん不公平だから、後二条天皇は譲位すべきだという結論にいたるのである（伏見宮文書）。

のちに花園天皇は、自分が天皇位から降ろされ、後醍醐天皇に交替させられるにあたって、「不徳の質にして在位すでに十年に及ぶ（中略）まことに過分のことなり」と述懐しており（『花園天皇宸記』文保元年三月三〇日条）、治世の期間を勘案する場合に、一〇年はひとつの目安となることがわかる。皇位をめぐる両統の言い分から、『梅松論』に記される

「公平」を期すための原則があったかのような解釈が生まれたのであろう。

もうひとつ指摘しておきたいのは、持明院統の主張として「孝道」という概念が前面に出てきている点である。亀山が強く推した恒明の立坊が、後宇多によって阻まれたことを「ひとえに孝道に御向背《ごこうはい》」（後宇多が父の亀山への孝行を尽くしていない）と批判し、「およそ尊卑によらず、皆父母の譲りをもって規模となす」と述べ、「不孝の君、いかでか天下のことをしろしめさるべきや」と、後宇多院の治世を攻撃する。そして後嵯峨院の本意は「正統長嫡の御一流」、すなわち長子である後深草にあったとして、持明院統の優位を強調する流れとなる。

天皇位が血統によって継承される以上、親や年長者に対する孝心が肯定されるのは当然であり、持明院統が正統長嫡の論理に依拠するのももっともといえる。だが孝道を強調しすぎれば、天皇に関わる権威が、家族や血統の論理のなかに埋没してしまうことにもなる。この点は南北朝の天皇並立の時代に、さらに大きな問題としてあらわれる。

文保の和談と後醍醐天皇の誕生

さて、両統迭立のルールを定めたといわれてきたのが文保《ぶんぽう》の和談である。花園天皇の治世も一〇年に及んだ文保元（一三一七）年、政権交替の機運が高まってきた。二一歳の花園に対して、皇太子の尊治は三〇歳。長幼の序が逆転しているだけでなく、皇太子としては異例の高齢である。

大覚寺統が皇位奪回の運動を続けるなか、四月に鎌倉からの使者として摂津親鑑《せっつちかあき》が入京した。この時に示されたのが、いわゆる「文保の和談」である。その内容は、「両統が断絶せず続いていくという前提で、践祚・立坊については御和談《わだん》（お話し合い）なされて、むやみに鎌倉に使者を派遣するのはお止めになるように」というものだった（「花園天皇宸記」文保元年四月九日・五月一八日条、元亨元年一〇月一三日条）。特段の取り決めや指示が成されたわけではなく、むしろ幕府としては介入するつもりがないことを明言したのである。もちろん両流が有意義な交渉を行い、目の覚めるような結果を出す力がないことを見越しての明言だったわけだが。

両流の談合が続く中、文保元年九月、伏見院が崩御した。求心力を失った持明院統に対し、大覚寺統は関東申次の西園寺実兼が奔走し、ついに同二年二月に尊治親王の践祚が実現した。しかも天皇後醍醐に対し、皇太子は甥の邦良親王という、大覚寺統にとって非常な好条件だった。

位から降ろされた花園は、年上の後醍醐を立てる発言をしつつも、自分自身も学問・徳行に精励してきたと述べて、不遇を嘆いた（「花園天皇宸記」文保元年三月三〇日条）。このとき花園は二二歳。実子を皇位に即けることも、院政を敷くことも望めない立場で、早くも余生である。

持明院統の人々

正和二（一三一三）年、後伏見院に皇子が誕生した（量仁《かずひと》親王、後の光厳天皇）。母は西園寺公衡《きんひら》の女寧子《ねいし》、花園を後伏見の猶子として即位させたのに伴い、寧子も花園の准母とされ、広義門院《こうぎもんいん》の院号宣下を受けていた。持明院統としては、量仁を後醍醐の皇太子とするよう運動したが、その座は大覚寺統の邦良のものとなったのである。

前に触れたとおり、院や女院が、それぞれ独立した経済基盤と近臣団、文化圏を有していた時代ははるか昔となり、天皇家の人々は伝来の資産を（平和的にしろ、何らかの競合関係を経るにしろ）共有・分有して生活基盤とすることになった。

後醍醐に皇位を譲って以降の花園院は、兄後伏見院・その妃広義門院・量仁親王、さらに伏見院の中宮永福門院《えいふくもんいん》（西園寺実兼の女）とともに持明院殿で暮らしていた。同居といっても、現代の家族と同じようなものではなく、それぞれが天皇家あるいは持明院統内における役割を踏まえた生き方を求められる。たとえば広義門院の産んだ子供の中でも、量仁は将来の皇太子として別格のあつかいを受ける。子女たちの中でも彼だけが持明院殿に住み、叔父である花園院から学問を習い、父後伏見院や祖母の永福門院から琵琶等の情操教育を授けられる。実母の広義門院は、出産等の際には父公衡の今小路邸に滞在し、量仁以外の皇子女はこちらで育てられるか、乳父《めのと》の屋敷に預けられたりしている。

一般的には皇子一人を量仁の控えとしてのこし、それ以外の男子は出家させるところである（この後の動乱のため、そのような結果にはならないが）。永福門院は一家の長老格で、京極《きょうごく》為兼《ためかね》に師事する京極派歌壇の有力な歌人として、多くの清新な和歌をのこした。政治的な調整等も彼女のもとに持ち込まれ、持明院統の存在感を高めるために尽力した人物である。

血縁関係は複雑だが、持明院統の人々は互いに尊重しあって政治的・文化的活動をともにした。なかでも権力に執着せず、甥量仁の教育につとめた花園院の貢献は大きかったと思われる。

花園天皇と誡太子書

花園は、文保元（一三一七）年五月の日記に、昨年から毎日、本書《ほんしょ》（漢籍）二巻・日記一巻を欠かさず読んでいると記している。この四月には「文保の和談」を示す東使が上洛しているのだから、天皇の立場を離れて、学問に専念する覚悟を示したとも考えられる。一条天皇以来の歴代天皇の御記のほか、小野宮実資《おののみやさねすけ》の『小右記』・藤原頼長の『台記』などの貴族の日記、『日本書紀』『大鏡』等の歴史書を研究し、また法曹官人を招いて『律令』の講義を聴いた。

過去の日記の世界に比べて、今の朝廷には不忠の臣のみが満ちていると嘆いたり（正和二年一〇月四日条。同天皇の評伝を著した岩橋小弥太氏は「何か御気にさわったことでもあったのか」と心配している）、『台記』を読んで、記主の人柄を批判したりしており（正中元年二月一三日条）、きちんと内容を読み込んでいることがわかる。漢学についても、七歳のときの御書始の儀以来、儒者から教えを受けたり、一種の研究会を主宰するなど、花園天皇の学問は多岐にわたり、いずれも熱心に学習していた。

ただ、一般の貴族や官人とは異なり、天皇は儀式や政治の実務を行うわけではないから、細かい作法や先例を学ぶ必要はない。後鳥羽院が内弁の作法に興味を持った例はあるが、花園の勉学の方法は、さまざまな書物の内容を俯瞰《ふかん》的に理解し、人としての道や施政者の使命などを考えるといったものだったようだ。

こうして得た知識を猶子とした量仁親王に伝えたのだが、そのほかに元徳二（一三三〇）年二月付で『誡太子書《かいたいしのしょ》』（太子を誡むる書）を与え、施政者としての仁義・政術・才徳の重要性を説いた。王朝の交替のある中国に比べ、日本は「皇胤一統《こういんいっとう》」であり、隣国から攻められたり、異姓の氏族に簒奪される恐れがない。だからといって凡庸の君主で足りると考えてはいけない。中古以来、兵革が続き、皇威の衰えはあきらかである。賢主を戴かなければ数年のうちに乱がおこるであろう。以上のような危惧を述べたうえで、勉学に努め、学功・徳義を達成して、帝業を盛んにするとともに、先祖に大孝を致し、百姓に厚徳を施すよう激励するのである。

あきらかに優位に立つ幕府のもとで、両統が争う現実は、天皇の権威を相対化させた。さらに「太子登極の日、まさに衰乱の時運にあたるべし」と、花園は切迫した危機感を記す（事実、量仁は光厳天皇となって二年足らずで、鎌倉幕府崩壊によって廃位とされる）。「皇胤一統」という唯一にして薄弱な施政者としての根拠を補塡するためには、仁政徳治に努めねばならないのである。『誡太子書』は、天皇として君臨することの根拠、施政者であることの意味を、天皇自らが問うた書といえるだろう。

後醍醐天皇と宋学

前代の天皇は、自身の血統の当然の、あるいは幸運な帰結として、天皇となったのであり、その意味を真剣に考える必要はなかっただろう。だが、自身を施政者として意識した両統迭立期後半の天皇たちは、その根拠や使命をあきらかにしなければならないところに追い込まれていた。この時期の朝廷で学問が語られるのは、彼らが君臨し支配することを正当化する論理を求めていたからではないだろうか。

なかでも宋学《そうがく》と呼ばれる、宋からもたらされた新しい儒学は、朝廷や寺院等で盛んに論じられた。とくに南宋の朱熹《しゅき》によって四書のひとつとされた『孟子《もうし》』は、鎌倉末から南北朝期にかけて流行した。花園は『孟子』の「徳を経《おこな》いて回《よこしま》ならざるは、以て禄を干《もと》むるに非ず」（徳を実践し、道に外れないことは、仕官や俸禄等の利得のために行うのではない）という一節を読んで、「私が目指してきたところは、聖人の教えと一致する」とおおいに感激している（『花園天皇宸記』元亨元年四月二〇日条）。『誡太子書』にも『孟子』の易姓《えきせい》革命思想の影響をみることができる。

花園は元亨二（一三二二）年二月から、近臣や学者を集めて『尚書《しょうしょ》』の談義を始めた。近代の「儒風大廃」（儒学が廃れている）の風潮は「近日中興」に向かっているが、まだ十分ではないので、いっそう守り立てるための勉強会だという。七月の会には、紀行親《きのゆきちか》という、南北朝時代に大学頭となって、光明天皇に『尚書』の進講などを行った学者が参加していた。花園は彼の解釈について、仏教や禅宗の説に傾いたものだと批判的に述べている。儒学本来の徳治や道義に対する規範意識が緩い点が気に入らなかったのだろう。ただし、行親のような考え方が、後醍醐天皇のもとでの宋学受容の特徴だったらしい（『花園天皇宸記』元亨二年七月二七日条)。
同じような内容が『誡太子書』の中にもみえる。「一群の学徒」が、仏教と老荘思想を儒学の解釈に持ち込み、本来の教えである仁義忠孝の道を忘れているというのである。「一群の学徒」が誰を指すのかは不明だが、後醍醐やその周辺の人々が、花園の念頭にあった可能性は大きいだろう。

後醍醐の施政者としての意識は、元亨元年夏の大飢饉の際の『太平記《たいへいき》』の記述にみてとれるだろう。「君は遥かに天下の飢饉を聞召《きこしめし》て、『朕不徳ならば、天予《われ》一人を罪すべし。黎《れい》民《みん》何の咎有《とがあり》てか、この災に逢《あえ》る』と、自《みずから》帝徳の天に背けることを嘆き思召《おぼしめ》」したという。後醍醐にとって、天および天下万民と自身の存在とは等価であり、彼一人が万民を背負って天意に立ち向かうことができた。同じ宋学から発して、花園が謙虚に学問と善政を追求していたのに対し、後醍醐の「徳」は肥大した自我そのものだったといえよう。討幕は達成しても、その後の新政が三年足らずで瓦解したのは当然の帰結であった。

軍事活動と親王

後醍醐の倒幕計画は元亨四(一三二四)年に発覚し、側近の日野《ひの》資朝《すけとも》らが処分された(正中《しょうちゅう》の変)。この時は後醍醐自身は不問に付されたが、元弘元(一三三一)年に再度の倒幕計画が発覚した時には、身辺に危険が迫ったために、三種の神器を持って京都を脱出した。笠置山に籠城したが、幕府軍に攻められて捕えられ、廃位とされた（元弘《げんこう》の変）。大覚寺統の正統な後継者とみなされていた邦良親王は既に没していたため、持明院統の量仁親

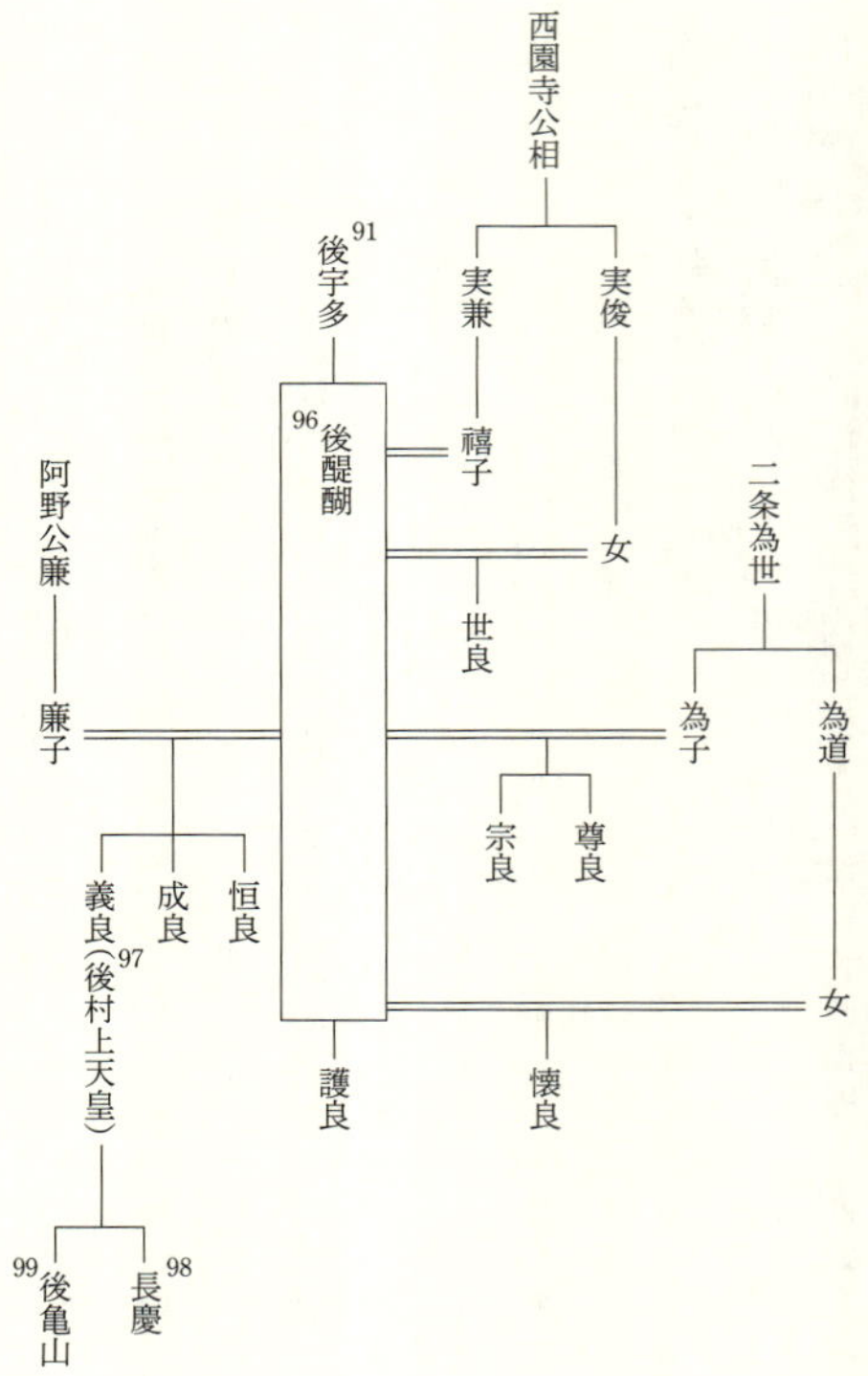

系図15

王が践祚して、光厳《こうごん》天皇となった。
後醍醐は隠岐島に流されるが、元弘三年に脱出し、伯耆船上山《ほうきせんじようさん》で挙兵、今度こそ倒幕の実現に向かった。一連の経緯のなかでは、かなり屈辱的な扱いも受けているのだが、後醍醐は常に意気軒昂である。権力への意志が強烈なだけでなく、一種の感受性の鈍さがなければこうはいかないだろう。鈍感力というか無神経なところは、自分が天意を味方につけた帝王であることを疑わない彼の独善的帝徳観と表裏一体なのだ。

倒幕から南北朝の動乱へと続く中で、注目したいのは親王たちの活躍である。後醍醐には多くの皇子女があり、皇室の系図である『本朝《ほんちよう》皇胤紹運録《こういんじよううんろく》』には、皇子一七人・皇女一五人の計三二人が掲載されている。もちろん詳細不明の者も多いが、とくに皇子たちは全国的に展開する戦闘において大きな役割を果たした（系図15参照）。

後に護良《もりよし》親王となる尊雲《そんうん》は、幼児のころに梶井門跡に入室し、嘉暦二（一三二七）年には天台座主となった。ただし彼は修行も学問も顧みず、もっぱら武芸を磨いていたと『太平記』は記す。彼は元弘二（一三三二）年に還俗してからしばらくは「大塔宮二品親王《おおとうのみやにほんしんのう》」と名乗り（法勝寺大塔近くの門室に居住していたため）、翌年征夷大将軍に任じられたことによって「将軍宮」と称するようになった。

宗良《むねよし》親王となる尊澄《そんちよう》法親王は、妙法院《みようほういん》門跡に入室し、元徳二（一三三〇）年に天台座主となった。歌道二条派を率いる二条為世《ためよ》の娘を母とし、文人としての資質に恵まれていた。尊雲・尊澄ともに、比叡山を束ねて僧兵の軍事力を動員することを期待されたのだろう。

また、尊澄の同母兄の尊良《たかよし》は出家せず、中務卿《なかつかさきょう》に任じられて一品中務卿と称した。この三人は元弘の変に参加し、尊雲・尊良は笠置《かさぎ》の陥落前に脱出して、河内《かわち》の楠木正成《くすのきまさしげ》のもとに走った。また尊澄は後醍醐と行動をともにして幕府軍に捕らえられた（のちに尊良も捕まり、六波羅で尋問を受ける）。後醍醐は隠岐、尊良は土佐、尊澄は讃岐に配流となり、さらに六波羅探題は後醍醐の他の皇子たちの年齢を調査し、一宮の尊良の息子についても監視を強めた。もちろん彼らが後醍醐の倒幕の志を継ぐことを恐れての措置である。

護良は楠木正成と連携し、諸国の寺院や武士たちに宛てて「大塔宮令旨」を発して、倒幕と後醍醐の還幸を訴えた。平氏政権打倒における以仁王令旨を思い起こさせる貢献である。尊良も土佐を脱出して九州に渡り、倒幕に参戦した。

護良は武芸を好み、またその果断な性格から武門の棟梁・宮将軍の地位を狙ったと考えられる。その野心のために、後醍醐および足利尊氏と衝突し、建武元年には捕えられて鎌倉に移送され、翌年殺害された。

建武の新政、新政崩壊後の南北朝の動乱において、後醍醐は皇子たちを各地に派遣して全国に力を及ぼそうとした。義良《のりよし》（のちの後村上天皇《ごむらかみ》）を奥州へ、関東に成良《なりよし》、北陸に恒良《つねよし》・尊良（尊良は、延元二〈一三三七〉年の越前金ケ崎《かねさき》の戦いに参加し、敗れて自害する）、伊勢・遠江《とおとうみ》方面に宗良、九州に懐良を送って戦わせた。なかでも懐良は征西将軍宮《せいせいしょうぐんのみや》として、九州に独自の勢力を打ち立て、長く室町幕府を悩ませることとなった。

院政期以来、天皇家においてはメンバーの絞りこみが慣例となっていたが、戦争になった場合は、天皇の意を体現して旗頭となる者が必要となる。このような機会がなければ、親王として認知されず、事跡不明のまま終わったかもしれない皇子たちが、思いがけない運命へと駆り立てられていったのである。

近代の皇室においても、多くの男子メンバーを皇族軍人や政治家として配置することが行われた。孝明天皇《こうめい》の第一皇子は生後間もなく亡くなり、そのほかには睦仁《むつひと》親王（のちの明治天皇《めいじ》）しか男子がいなかったため、子女に恵まれた伏見宮家が供給源となった。同宮家の男子たちに新宮家を設けさせて皇族の拡大をはかり、各所で活躍させたのである。第二次世界大戦後に皇籍を離脱した一一宮家は、すべて伏見宮家の血統をひいている。天皇家が自ら軍事・政治を差配しようとするとき、多くの親王が必要とされたのである。

第九章　中世後期の皇位継承

鎌倉幕府滅亡と建武の新政

承久の乱後に三上皇が配流、懐成《かねなり》親王（仲恭天皇）が廃位など、天皇経験者が罪に問われたために、新天皇の人選が難航した例については前述した。鎌倉幕府崩壊から南北朝の動乱の時期にかけても、天皇家の人々は数々の受難に遭《あ》い、皇統の維持に問題を抱えることになった。

後醍醐天皇の皇太子で大覚寺統の正統な後継者とみなされていた邦良親王は、正中三（一三二六）年に二七歳で急死、量仁が皇太子となった。そして元弘元（一三三一）年の元弘の変によって後醍醐は廃位とされ、量仁が践祚して光厳天皇が誕生した。その後、後醍醐を戴く軍勢が攻勢となって京都に迫ると、天皇はじめ後伏見・花園両上皇や女院ほか持明院統の廷臣らは、六波羅探題邸に移って、そこを仮御所とした。彼らを守ると同時に、皇統を伝える人々を敵に奪われないよう、探題側が要請したのである。

元弘三年五月七日、六波羅は後醍醐側軍勢の総攻撃を受け、両探題配下の武士たちは、光厳天皇・両上皇以下を奉じて京都を脱出した。彼らは野伏《のぶし》の攻撃を受けながら、九日、近江番場《ばんば》宿（現在の滋賀県米原市番場）に到着し、そこで北条仲時《なかとき》以下四三十余人が自害して果てる。光厳天皇は後醍醐の詔書によって退位させられ、両上皇とともに京都に送還されて持明院殿に幽閉された。

一方の後醍醐は、伯耆船上山を発して六月五日に京都に帰着した。持明院統による正慶への改元や叙位・任官等をすべて無効とし、光厳天皇の在位の事実そのものを認めないという措置をとった。さらに一二月には詔書を発して、光厳に太上天皇の称号を与えた。後醍醐の皇太子の地位を謙退した者を、特に太上天皇にするという内容で、光厳を「過去の人」にしてしまったのである。

この後、後醍醐の建武の新政が始まるわけだが、彼は公家官制のもとに公武の人材を配し、天皇がすべてを統括する政治を構想した。太政官の八省の長や諸国司等に、家格・先例にとらわれない人事を行ったことが画期的とされる。だが院政期以来、形骸化の一途をたどった官制体系に誰を任命しても、それらが有効に機能することなどなかったのだ。

彼の心中では「九州の地は一人の有なり」という後白河天皇の王土宣言が、反復されていたのではないか。また、新政下であらたに設けられた「窪所《くぼどころ》」という役割不明の部門がある。これについて笠松宏至氏は、鎌倉幕府の問注所《もんちゅうじょ》（裁判を管掌する役所の一つ）の後継組織で、「問注」という文字の草体が「窪」の字に似ているところから、「窪所」とあらたに名づけたのではないかとの説を出している。新政権を支える大切な役所の名称が、言葉遊びで定められたとは、いささか衝撃的だ。

後醍醐は、形骸化して久しい太政官の役職を操作し、別に設ける役所には思いつきで名前をつけ、そのようにして新しい政権が運営できると、おそらく本気で考えていたのだろう。彼の帝王らしさ、即ち驕《おご》りと鈍感力があらわれている事例と思われる。「継承する力」と「命名する力」は公家政権の存立基盤ともいえる独自の力だが、これらを安易に用いた後醍醐の新政権は、伝統的公家政権のパロディ、おおいなる時代錯誤でしかなかったのである。

天皇家の分裂

建武二（一三三五）年七月、北条氏の残党が蜂起し、一時的に鎌倉を支配した中先代《なかせんだい》の乱が起きる。鎌倉にいる弟直義《ただよし》と嫡子義詮《よしあきら》の救援のために、足利尊氏《たかうじ》は勅許を得ないまま東下した。このことから後醍醐とその最大の支持者であったはずの尊氏とのあいだの齟齬が表面化した。一一月には両者は完全に断交し、後醍醐は新田義貞《にったよしさだ》に尊氏追討を命じるにいたった。

朝敵となった尊氏は光厳院と結び、建武三年二月から、「院宣」に従って新田義貞を誅伐するという内容の軍勢催促状《ぐんぜいさいそくじょう》を諸国に発した。後醍醐に対抗するためにはこちらにも「錦の御旗」を立てればよいとの判断である。五月には足利軍が入京して、後醍醐が比叡山に退く。そして八月には太上天皇である光厳の伝国宣命《でんこくせんみよう》（譲位の意向を記す詔）によって弟の豊仁《とよひと》親王が践祚し、光明《こうみよう》天皇となった。ここに光厳院・光明天皇による新体制が成立したのである。

尊氏は後醍醐を懐柔し、一〇月には洛中の花山院に移した。後醍醐から神器を回収して、太上天皇の尊号を与え、また彼の皇子の成良《なりよし》親王を、光明天皇の皇太子とした。持明院統と大覚寺統の迭立体制を再現したのである。これで事態は収拾されたかにみえたが、一二月、後醍醐は花山院を脱出して吉野《よしの》に潜幸した。彼に追随する廷臣もあって、吉野にはもうひとつの朝廷が成立した。京都と吉野に二人の天皇・二つの朝廷が並立する南北朝時代の開始である。

足利尊氏と持明院統の人々とは、鎌倉幕府と両統迭立という前代の体制をモデルとして考えていたのだろうが、鎌倉幕府滅亡以来の激動を収束させるためには説得力が不足していた。後醍醐はあいかわらず屈しなかったし、彼に従う勢力も健在であった。後醍醐は比叡山を出て花山院に移る際に、恒良親王と尊良親王を、新田義貞に託して越前国に下向させていた。彼らは北陸で抵抗運動を展開し、同地では恒良は天皇として扱われ、綸旨を発して軍勢催促等を行っていた。後醍醐一派は、あらゆる意味で「天皇」を濫用していたといえるだろう。

足利尊氏は近代の南北朝正閏《せいじゅん》論争の中で、正統の南朝に背いた逆賊とされた。だが後醍醐に対抗するためには、同等の錦の御旗が必要だと考えた彼は、むしろ天皇の権威に敬意をはらっていたのだ。「天皇」を濫用することに躊躇《ちゅうちょ》しなかった後醍醐こそが、二人の天皇・二つの朝廷を生み出すことによって、天皇の権威を決定的に下落させたのである。

北朝と室町幕府

足利尊氏草創の室町幕府は京都に居を構えた。それは、都市京都および公家政権と明確な関係を結ぶこと、要するに、両方の庇護者となることを意味した。幕府は軍事的に南朝に抗して北朝朝廷を守り、その儀礼や政務の体系を政治的・経済的に支えた。逆にいえば、南朝勢力との競合に曝《さら》され、存立基盤の弱い室町幕府は、公家政権の政治的・文化的資産を利用する必要があった。文書上の手続きに関しても、幕府から朝廷に対する申し入れ（執奏）→綸旨・院宣の発給→綸旨・院宣を追認する旨を記した幕府文書の発給という流れが作られ、公武の文書の連携が成立した。鎌倉幕府が公家政権との関係に一線を画し、統治の管轄や文書の発給等について、公武の関係をあえて曖昧にしていたのとは異なる路線を敷いたのである。

一方で、鎌倉幕府を一挙に滅亡させたエネルギーの大きな部分は、礼式や秩序とは別の

「逸脱」の分野から発していた。「二条河原落書《にじょうがわらくしょ》」で、「俄《にわか》大名」「下剋上する成出者《なりでもの》」等と揶揄され、「婆沙羅《ばさら》」と呼ばれた過差《かさ》（贅沢）の振舞で世間を席巻した人々の力である。院政期にあっては、蓄積された過剰なエネルギーは院によって蕩尽されたが、この時代の蕩尽は、五〇年以上も続く戦乱と「物狂《ぶつきょう》」といわれる秩序の攪乱という表現型を選んだのだった。

だが攪乱どころではなく、価値観や規範の崩落にまでおよぶ考え方も登場する。とくに婆沙羅大名と呼ばれた有力者には、過激な行動や発言がみられる。美濃守護の土岐頼遠《ときよりとお》は、光厳院の外出の行列に出会って、「院というか、犬というか、犬ならば射て落とさん」と、矢を射かけた。足利氏の執事高師直《こうのもろなお》は「都に王という人があって、内裏・院の御所などというところを設けているために、その前を通る際に下馬しなければならないのは厄介だ。どうしても王が必要な理由があるのなら、木で造るか、銅で鋳るかして、生きている院や国王は、どこへなりと流して捨ててしまえばいい」と放言したという（『太平記』）。合戦の現場を潜り抜け、今後も戦い続けねばならない者たちにとって、全国支配を正当化するための概念である「王」は、ただのナンセンスにしか思えなかったのだろう。同時に、配下の武士たちだけでなく、朝廷や寺社勢力も含めて、全国の統治を実現しようと模索する足利直義と彼らの間に深刻な齟齬が生じるのも、また必然だったのである。

正平一統

室町幕府は、将軍である足利尊氏と弟の直義との二頭体制で運営されていた。尊氏が武士を統括する主従制的支配権、直義が裁判等を担当する統治権的支配権を分掌したために、支配権を構成する互いに矛盾する二つの側面があきらかになるという特徴を持った政権であった。

直義は京都で共存するにあたって、幕府と朝廷との文書や手続きをめぐる関係を合理化し、公武双方の問題について公正な裁判を行って、混乱した状況を収めるようつとめてきた。だが混乱に乗じて利権を獲得しようとする新興武士たちは、直義の方針を肯定するわけにはいかない。その急先鋒である高師直と直義との確執は、やがて尊氏・直義の対立となって、観応《かんのう》の擾乱《じょうらん》という武力闘争に発展した。直義が南朝勢力と結んだために、抗争は複雑化した。劣勢となった尊氏は南朝に対して政権の返上を申し出、観応二（一三五一）年一〇月に、尊氏・義詮父子に対する勅免と直義追討綸旨を得た。一一月には北朝の崇光《すこう》天皇・皇太子直仁《なおひと》親王が廃され、年号も南朝の正平六年に統一された。これを正平一統《しょうへいいっとう》という。

この間に尊氏は直義攻撃のために出陣し、翌年二月に彼を死に追いやった。幕府内部の争いを解決して、勢力を一本化できれば、もはや南朝勢力は必要ない。北畠親房《きたばたけちかふさ》率いる南朝軍は、閏二月に京都に入り、一ヵ月足らずの間京都を占拠した後、本拠地の吉野賀名生《あのう》（現在の奈良県五條市）に撤退を余儀なくされた。北朝軍は反体制派となった直義勢力を整理し、京都を回復したが、大きな問題となったのは光厳・光明・崇光の三上皇と皇太子の直仁親王が、南朝軍によって拉致され、おまけに神器も持ち去られてしまったことだった。

北朝皇統の分裂

南朝軍に皇位をあけわたすという失態を演じた後で、幕府はなんとしても新天皇を擁立する必要があった。かろうじて都に残されていた光厳天皇第二皇子の弥仁《いやひと》親王が新帝候補となったが、天皇経験者はすべて連れ去られ、神器もなく、彼を擁立するための根拠をどこに求めるのかが関係者の課題となった。代替わりの手続きである「伝国《でんこく》の礼」は、旧主（前天皇）の宣命によって、皇位を譲る旨を天下に布告するのが慣例である。安徳天皇が平家によって西海に伴われた、寿永二（一一八三）年の後鳥羽天皇践祚の際には、後白河院が院宣を発して新帝誕生を告げた。だが今回は、すべての天皇経験者が不在なのだ。

そこで幕府および北朝関係者は、弥仁の祖母であり、光厳・光明両天皇の実母である広

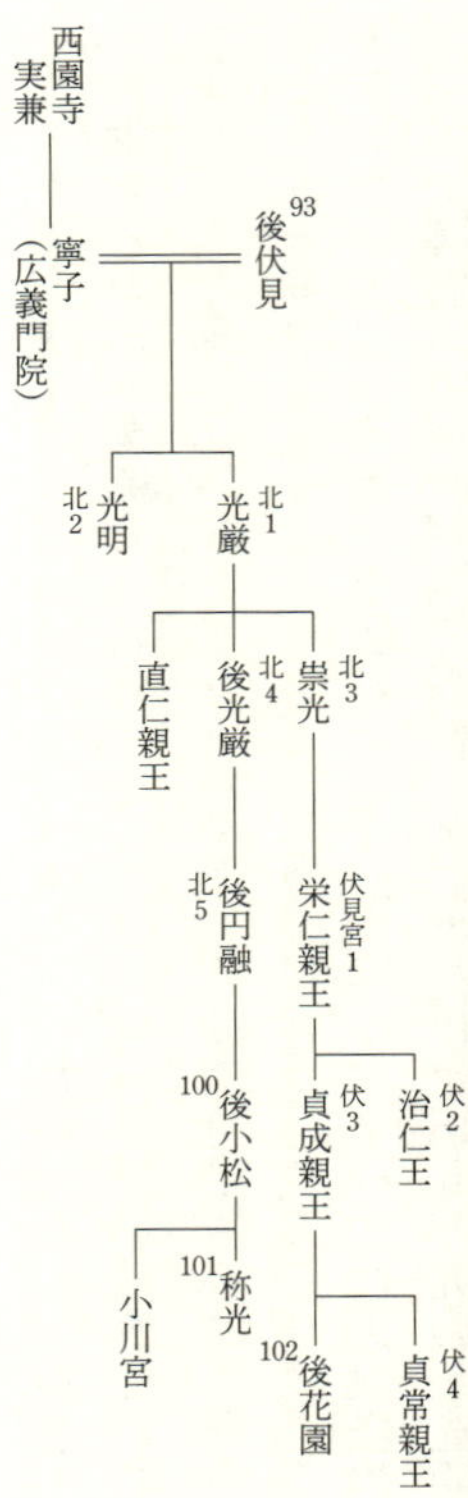

系図16

義門院を説得し、その役割を委ねることにした。幕府も北朝朝廷も、新天皇を立てなければ、存立の根源を欠くことになる。権威付与の連鎖が絶たれてしまうのである（系図16参照）。天皇の権威とは、単独で成立するものではなく、どこかから継承しなければならない。そして天皇が承認することによって、新たな正統性がもたらされる。代々の継承という方式が、先例や故実と呼ばれ、のちには伝統と称される。この「伝統」こそが、「天皇」の存立基盤について思考することを阻み、国家・支配・統治についての熟慮から政権担当者を遠ざけてきた。だからこそ武家の権力がいかに強化されようとも、天皇が滅ぼされずにのこったわけなのだが。

いずれにしても、八方塞がりといえる状況の中で、朝廷・幕府の要人らが額《ひたい》を集めて練った方策とは、変則的な皇位継承の先例を集め、なんとかつじつまをあわせることだけだった。さらに弥仁が後光厳《ごこうごん》天皇として立ち、彼の子孫が皇位を継承していったために、本来正統だったはずの崇光の子孫が排除されることになった。またも皇統が分裂するという事態が生まれたのだ。

後光厳皇統の断絶

院政期以降の天皇家は、幼少時に崩御した安徳天皇や四条天皇を除けば、皇子の確保に困ることはなかった。後継者について問題が生じるのは、承久の乱やさきほどの正平一統の場合のように、多くの天皇経験者・候補者が配流や拉致などで姿を消す場合に限られていた。

三代将軍義満の時代に南北朝の合一が遂げられ、室町幕府と朝廷とは一定の安定期を迎えたかに見えた。義満は公卿として昇任を続け、太政大臣にまで昇り、朝廷儀礼にも積極的に参加した。義満が関わってくれたおかげで、儀礼が維持できたともいえる。一方で、義満と同年の生まれの後円融《ごえんゆう》天皇は、自身があらゆる意味で劣位に立っていることを意識し、しばしば過激な行動に走った。義満との密通を疑って妃を打擲《ちようちやく》し、困惑した義満が釈明しようとすると、持仏堂にこもって切腹を企てるという事件をおこすありさまだった（『後愚昧記』永徳三年二月一日〜一八日条）。

また、後小松《ごこまつ》院と称光《しょうこう》天皇との間には感情的な対立が多く、四代将軍義持《よしもち》が両者を宥《なだ》め、仲をとりもつような関係となっていた。後小松には称光と小川宮《おがわのみや》という二人の皇子がいたが（母はどちらも日野西資子《ひのにしすけこ》・光範門院《こうはんもんいん》、ほかに禅僧の一休宗純《いっきゅうそうじゅん》が落胤《らくいん》だったといわれるが、後継者になれるような種類の息子ではない）、いずれも性格に問題があったようで、ものごとに過敏に反応し、衝動的な行動が多い。小川宮は応永三二（一四二五）年、二二歳の時に急死、毒殺説も囁《ささや》かれた。またずっと病気がちだった称光も、正長元（一四二八）年に二八歳で崩御した。二人ともに男子をのこさなかったので、ここに後光厳天皇の系統は断絶した。

そこで、これまで排除されていた崇光天皇の系統が復活することになる（称光にとっては、自身が男子を儲けることができず、弟の小川宮が儲君《ちょくん》〈立太子礼を経ない後継者〉とされたり、崇光皇統に皇位が移る可能性が取り沙汰されたりするのが非常なストレスで、寿命を縮める結果になったらしい）。崇光の皇子栄仁《よしひと》親王は、所領である伏見荘に逼塞《ひっそく》して伏見殿と呼ばれ、皇位奪回を念じていた。称光に男子があれば、常盤井宮・木寺宮と同様、次第に先細って忘れられたことだろう。栄仁の皇子貞成《さだふさ》親王は、称光崩御時にすでに出家していたために、彼の息子の彦仁《ひこひと》が、後小松院の猶子となって践祚した（後花園《ごはなぞの》天皇）。

称光崩御の直前には、南朝最後の天皇後亀山の孫にあたる小倉宮聖承《おぐらのみやせいしょう》が京都を出奔した。鎌倉公方足利持氏《もちうじ》・伊勢国司北畠氏と共謀して、皇位を狙っている可能性があり、彦仁の擁立は緊迫した状況で進められたのである。

後花園天皇の誕生後も、後小松院は治天として行動していたが、一方で貞成は、天皇の実父としての存在感を示し、自身の血統を保持しようとした。永享五(一四三三)年に後小松が崩御してからは、行動の自由度が増し、伏見御所を新造したほか、崇光流の歴史や、天皇への進言等を記した『椿葉記《ちんようき》』を著して、天皇に献じた。文安四(一四四七)年に、後高倉院の先例に倣って、太上天皇の尊号が贈られ、後崇光院と称されることになった。また第二皇子の貞常《さだつね》親王を後継者として、近代まで続く伏見宮家が成立したのである。貞成親王は、この後に続くすべての天皇・宮家の祖ということになる。

戦国時代の天皇

後花園は寛正五(一四六四)年に成仁《ふさひと》親王に譲位し(後土御門《ごつちみかど》天皇)、院政を敷いた。新天皇は文正元(一四六六)年一二月一八日に大嘗祭を挙行したが、その翌応仁元年五月には大乱(応仁《おうにん》の乱)が勃発し、世は戦国時代に入る。後花園院はこの年九月に出家、文明二(一四七〇)年に崩御。沈淪《ちんりん》していた崇光流から即位し、帝徳を意識する施政者として行動してきたが、晩年は戦乱に呑み込まれることとなった。戦国時代の天皇のありかたについては、末柄豊氏の『戦国時代の天皇』が適切に分析しているので、それにしたがって述べておこう。

最初に頓挫《とんざ》したのは勅撰和歌集の編纂だった。『古今和歌集』に始まる編纂事業は、文化の主導者としての天皇・院の立場をあらわすものであり、後花園院のもと、八代将軍足利義政《よしまさ》の支援を受けて進んでいた。だが、洛中の市街戦のために撰者の飛鳥井雅親《あすかいまさちか》の屋敷が類焼し、作業中の資料が失われてしまった。現代でも、新春には宮中で歌会始が行われ、公募による一般からの詠進も受け付けられている。和歌が、天皇と国民を繋ぐチャンネルの一つになっているといえるだろう。しかしながら、後花園以後、和歌と天皇との特別な関係が、勅撰和歌集という形をとることはなかったのである。

後土御門天皇は、明応九（一五〇〇）年九月に、五九歳で崩御した。先例に従うのならば、適当な時期に譲位しておくべきだったが、そのための資金がなかったのである。後土御門の後継者となる勝仁《かつひと》親王（後の後柏原天皇）は、独立した御所を持つことができず、禁裏に同居している状態で、後土御門が譲位した場合に、仙洞《せんとう》御所（院のための御所）を新たに用意するなどの、院にふさわしい処遇を整える見通しが立たなかったのだ。戦乱以前であれば、天皇家メンバーのためには複数の御所や離宮が維持され、近臣の貴族たちからも邸宅が提供されたが、有力貴族ですら都での生活が行き詰まっていた。室町幕府は天皇家や朝廷儀礼を財政的に支えてきたが、もはや必要な資金を調達することができなかった。

そもそも正式な儀礼を行って皇后や皇太子を立てることが、南北朝時代からとだえていた。貞和四（一三四八）年に崇光天皇の皇太弟となった直仁親王以来、立太子礼は行われていなかったし、皇后も元弘三（一三三三）年に、珣子《じゅんし》内親王（後伏見皇女）が後醍醐中宮に立てられたのが最後である。以後は、天皇の生母となった女性に門院号を与えて女院とすることで、格式を付与するのみとなっていた。いずれも東宮職・中宮職等の役所を設置して処遇することがむずかしくなったためだが、形式を整えて守るほどの利権が失われていたためでもある。

江戸時代に入り、天和三（一六八三）年に霊元《れいげん》天皇のもとで朝仁《あさひと》親王が立太子（のちに東《ひがし》山《やま》天皇）、寛永元（一六二四）年に後水尾《ごみずのお》天皇の中宮に徳川和子《とくがわかずこ》（徳川秀忠《ひでただ》の娘）が立てられて、それぞれの制度はようやく復活した。

終生の在位

戦国時代の天皇の特徴は終生の在位である。後土御門天皇をはじめとして、続く後柏《ごかしわ》原《ばら》・後奈良《ごなら》も崩御まで在位、正親町《おおぎまち》天皇も七〇歳になって、やっと孫の後陽成《ごようぜい》天皇に譲位した。譲位のための費用だけでなく、新天皇の大嘗祭や即位礼の費用を調達できず、それどころか崩御した前天皇の葬儀さえも、すぐには行うことができないありさまだった。大嘗祭は、後土御門天皇を最後に、貞享四（一六八七）年まで二〇〇年以上中絶した。

上記の制度や儀礼が顧みられなくなったのは、その経費を負担し、実施のための支援を与えていた室町幕府が弱体化して、朝廷の庇護者という役割を果たせなくなったからであった。

明応二（一四九三）年、管領細川政元《まさもと》は、一〇代将軍足利義材《よしき》の河内在陣中にクーデターを起こし、足利義澄《よしずみ》を将軍に擁立して覇権を握った。後柏原天皇が財政難のために即位礼を行えないでいることについて、彼は下記のように述べたという（『大乗院寺社雑事記』文亀二年六月一六日条）。

即位大礼御儀は無益である。そのような儀礼を行っても、実体がない者は王とは認められない。このまま儀礼がなくとも、私は国王と認めている。末代に大げさな儀礼はふさわしくなく、無用である。

政元は、国王の権威は儀礼によってあきらかにされるものではなく、支援者の承認こそが国王の権威を保証すると語っている。戦乱の中で、領国経営と軍事力の増強とを進めている人物が、全国統治の頂点に位置するはずの「国王」との関係を述べたものである。

継承する力

室町幕府の支えを失って、戦国時代の朝廷および天皇は、最低限の活動を維持するために苦闘した。そして統一政権への歩みが始まり、徳川幕府が成立した時に、朝廷はその庇護のもとに、ふたたび安定を取り戻す。徳川幕府はこれまでにない堅固な組織を作り上げ、強大な統制力で社会を管理した。朝廷もまた、その管理の対象となり、天皇をはじめとする構成員たちは、さまざまな局面で不本意ながらも幕府に従わねばならなかった。だが一方で、将軍を頂点とする幕府の人々は、幕府内での序列に応じた位階・官職を朝廷から授けられ、また朝廷儀礼の復興に力を貸した。さらに天皇家と将軍家との通婚も行われるなど、天皇と朝廷は、徳川政権の権威を演出する役割を果たしたといえる。

江戸時代には二人の女性天皇が誕生している。幕府と対立して譲位した後水尾天皇のあとを継いだ第二皇女の明正《めいしょう》天皇（在位一六二九〜一六四三）と、桃園《ももぞの》天皇が二二歳で崩御した後を襲った、異母姉後桜町《ごさくらまち》天皇（在位一七六二〜一七七〇）である。明正天皇は後水尾の院政のもとで、実権を掌握することなく、即位後に生まれた後水尾の皇子に譲位した（後《ご》光明《こうみょう》天皇）。桃園には、崩御時に五歳の皇子がいたが、成長するまでの中継ぎとして後桜町

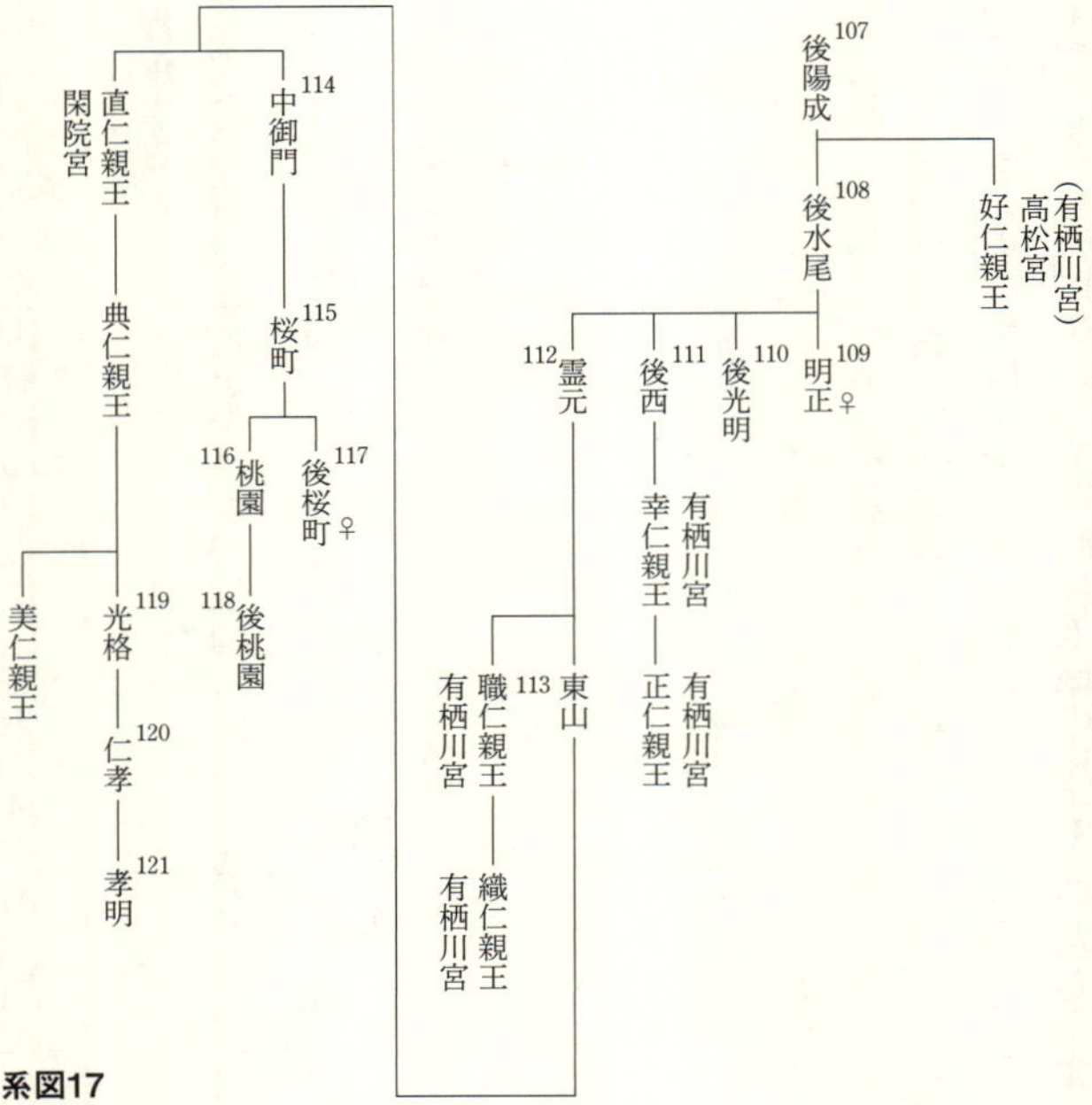

系図17

天皇が立てられた。桃園や周囲の若い公家衆が垂加《すいか》流神道に傾倒し、宝暦《ほうれき》事件と呼ばれる思想弾圧事件につながったことから、幼帝のもとで朝廷内が混乱することを恐れて、後桜町の登場となったのである。いずれのケースも、徳川幕府との関係で生じた確執を収めるために、女帝が利用されたといえるだろう。明正・後桜町両天皇とも、未婚のまま生涯を終えている（系図17参照）。

天皇家の継承という点でも大きな危機が訪れた。後桜町から皇位を受け継いだ第一一八代後桃園天皇（宝暦八年〈一七五八〉～安永八年〈一七七九〉）が、男子をのこさず崩御したのである。ここで皇統はいったん断絶し、閑院宮《かんいんのみや》家から祐宮《さちのみや》が皇嗣として入り、光格《こうかく》天皇となる。閑院宮家は、皇統の断絶を危惧した新井《あらい》白石《はくせき》の提言によって設けられた。東山天皇の第六皇子直仁《なおひと》親王を祖とし、享保三（一七一八）年に祖父の霊元院《れいげんいん》から「閑院宮」の宮号を賜ったのである。このほかにも、正親町天皇の孫にあたる智仁《としひと》親王に始まる桂宮《かつらのみや》家（最初は八条宮を称し、その後常盤井宮、京極宮、桂宮と改称）、寛永二（一六二五）年、後陽成天皇の第七皇子好仁《よしひと》親王によって創設された有栖川宮《ありすがわのみや》家がある（高松宮、花町宮から改称）。有栖川宮家からは、第二代の当主であった後水尾天皇第八皇子の良仁《ながひと》親王が、兄の後光明天皇が皇嗣をのこさず崩御したために、後西《ごさい》天皇として践祚している（弟の識仁《さとひと》親王――後の霊元天皇――が、後光明天皇の養子となっており、識仁が成長するまでの中継ぎ）。宮家は後西天皇の第二皇子幸仁《ゆきひと》親王が継承した。宮家から出た天皇は、室町時代の後花園と後西・光格の三人ということになる。

　後花園天皇を出した伏見宮家とともに、四宮家が天皇家の血統を維持し、天皇の周囲を固める役割を与えられて近代にいたった。徳川将軍家が、御三家・御三卿《ごさんきょう》という家格を設けていたのに準じ、天皇家にも公式に認定された宮家が設定されたのである。将軍家を頂点とする武士の家において、男子による世襲が厳格に守られたことが、天皇家にも適用されたと考えられる。徳川幕府で行われた大奥の制度や女子に強制された貞節観念と比較すれば、院政期以降の天皇家は、血統の管理についてほとんど無策だった。宮家を持つことによって、世襲という制度の整備を進めたということができるだろう。

おわりに

前近代における最後の譲位は、文化一四（一八一七）年の光格天皇から恵仁《あやひと》親王（仁孝《にんこう》天皇）へのもので、光格は現時点では最後の上皇・院政の主宰者ということになる。光格天皇は前述のとおり閑院宮家の出身で、血統的には傍流だが、だからこそというべきか君主としての自覚が強く、幕府に対して積極的に存在感を示そうとした。藤田覚氏は、幕末の尊王攘夷思想の高まりによる天皇権威の浮上の端緒が、光格のこの方針にあったと論じている。

徳川幕府の治世が行き詰まりを見せ、欧米の脅威が迫ったとき、人々は幕府を倒して全く新しい政権を立ち上げるのではなく、王政復古を選んだ。行政機構も、太政官の下に各省を置く、律令制のスタイルに倣うこととした。鎌倉幕府を倒したのが後醍醐天皇であり、室町幕府を崩壊させて統一政権を目指した覇者たちが朝廷の官位を求めたごとく、武家政権が後退する段階で天皇が登場するのはこれまでの通例だったが、世界に抗して近代国家を立ち上げなければならないときにも、わが国は天皇とその制度を選んだ。そして天皇と朝廷は、このようなときに即座に差し出し、状況にあわせて組み替えて利用できるように、官位の体系や儀礼・先例を守ってきた。それこそが彼らの伝統だったのである。天皇を唯一の君主として推戴し、政権が一元化されたという点では、明治維新は武家政権成立以前の体制の再現だった。それどころか明治政府がモデルとしたのは、摂関政治以前の古代の天皇だった。将軍と並立している天皇だけでなく、摂関政治や院政のもとでの天皇も、本来の姿を失っていると考えられたためである。さらに王政復古が想起すべき先例として、後醍醐天皇による建武の中興に光があてられ、悲劇の帝王に従う忠臣像が喧伝《けんでん》された。だが全く新しい状況のなかで政権をあらためるにあたって、なぜ復古だったのか。

武家政権成立のはじめから、武士たちは天皇や公家政権を滅ぼすという選択肢を持たないようだった。官位制度・儀礼の体系・文書様式など、公家政権が伝えてきた国家統治の構想を借り、あるいは下敷きにして新しい政権を組み立てた。武士たちは一貫して、公家政権から官位を与えられ、朝廷儀礼を財政的に支えてきたのである。そして自分たちの政権に衰退の兆しがあらわれれば、オルタナティブとしての天皇に走ることをくりかえしてきた。わが国において天皇は所与の存在であり続け、天皇を滅ぼす勇気を持つ者も、天皇抜きの政権を構想する努力をする者もいなかった。もちろん敢えて滅ぼさなくとも、天皇が新政権の進捗《しんちょく》を妨げるほどの権力を持たないとみなされていたということもできるだろう。同時に天皇および公家政権の側でも、自分たちが連綿と伝えているさまざまな要素が、そもそもは全国的な統治に由来するものだったことを熟考しようとしなかったのである。

日本人が天皇について見直しをする直近の機会は、第二次世界大戦における敗戦だった。だが、この機会はGHQ（連合国軍総司令部）の預かりとなって、戦後の象徴天皇制が生まれた。日本人は天皇について考える、あるいは決断する機会を逸したといえる。今日、おそらく再び天皇制について、日本人が真剣に考えるべき機会が到来している。この局面にどう対応するかは、私たちひとりひとりが日本という国とどのように関わっていこうとしているかを検証する意味を持つ。

平成三一（二〇一九）年四月三〇日の退位は、天皇自身のお言葉が端緒となって実現するものだ。また、平成の天皇が「象徴天皇」の意味するところを真摯に追求してきたことは、その足跡からあきらかである。これらの活動は象徴としての立場を逸脱しているという解釈もあるが、国民の側から有意な働きかけが成されなかったために、天皇自身が動かざるをえなかったともいえるだろう。

天皇家については、皇族数の減少という問題が残っている。今のところ先送りにされているが、事態は差し迫っているとみなければならない。最も可能性が高いのは女性皇族の登用、すなわち女性宮家の創設や女性天皇の容認だろう。そして、これらはただちに女系宮家・女系天皇の可否の問題につながる。さらに、仮に皇族数の減少が解消されたとしたら、そのあとに続くのは皇族数の管理という問題になるだろう。旧宮家出身男子の復活を推奨する案もあるようだが、戦前の宮家について知る者が少ない現状に照らせば、国民の共感を得ることはむずかしいのではないか。もちろん、そもそも人智を超えた問題だから、特段の方策は講じず、なりゆきにまかせるという判断もあるだろう。ただし無策という策を選択する判断は、明確な形で下すべきである。

明治維新や第二次世界大戦のような凄惨な変革の結果としてではなく、天皇制について考えるこのような機会がもたらされたことは幸いだと受けとめるべきだし、それを十分に生かさねばならない。グローバル化の潮流のなかで、私たちが自国の過去と未来をどのように扱うかが問われることになる。

歴史学、特に前近代史は、未来を予測するのではなく、すでにわかっている結果についての因果関係を検証するのが使命である。「滅びることなく続いてきた天皇制」という答えが与えられている以上、その答えにあわせておけば間違いないとして、天皇を核に据える予定調和的モデルを作って安心してしまってはいなかっただろうか。継続は正しさの証明であるとして、検証を怠っていたところがなかっただろうか。

天皇制そのものについて考え抜き、進むべき方向を定めることは、何らかの痛みをもたらす営為となるだろう。国民国家概念だけでなく「母国」という枠組みまでを更新する、あるいは崩すことにつながるかもしれない。私たちは、千数百年のあいだ懸案となっていた課題に挑むことを求められているのだ。

参考文献

はじめに

伊藤博文『帝国憲法・皇室典範義解』哲学書院　一八八九

第一・二章

青木和夫『日本の歴史3　奈良の都』中央公論社　一九六五
大津透『日本の歴史　06 道長と宮廷社会』講談社学術文庫　二〇〇九
朧谷寿『藤原道長――男は妻がらなり』ミネルヴァ書房　二〇〇七
河内祥輔『中世の天皇観　日本史リブレット22』山川出版社　二〇〇三
　『古代政治史における天皇制の論理　増訂版』吉川弘文館　二〇一四
土田直鎮『日本の歴史5　王朝の貴族』中公文庫　一九七三
仁藤敦史『女帝の世紀――皇位継承と政争』角川選書　二〇〇六

第三章

上島享『日本中世社会の形成と王権』名古屋大学出版会　二〇一〇
菅野文夫「本券と手継――中世前期における土地証文の性格」『日本史研究』284　一九八六
今正秀「藤原頼通執政初期の権力構造」和田律子・久下裕利編『平安後期　頼通文化世界を考える――成熟の行方』所収　武蔵野書院　二〇一六
佐々木恵介『受領と地方社会　日本史リブレット12』山川出版社　二〇〇四
中込律子『平安時代の税財政構造と受領』校倉書房　二〇一三
平泉澄「日本中興」建武中興六百年記念会編『建武中興』所収　一九三四
本郷恵子「院政論」『岩波講座　日本歴史6　中世1』所収　岩波書店　二〇一三

美川圭『後三条天皇――中世の基礎を築いた君主　日本史リブレット人021』山川出版社　二〇一六
山田渉「中世的土地所有と中世的所有権」『歴史学研究別冊特集　東アジア世界の再編と民衆意識』一九八三
吉村茂樹『院政』至文堂　一九五八
和田英松「院政に就いて」『国史学』10　一九三二

第四章

角田文衛『待賢門院璋子の生涯――椒庭秘抄』朝日選書　一九八五
栗山圭子『中世王家の成立と院政』吉川弘文館　二〇一二
河内祥輔『日本中世の朝廷・幕府体制』吉川弘文館　二〇〇七
佐伯智広『中世前期の政治構造と王家』東京大学出版会　二〇一五
野村育世『家族史としての女院論』校倉書房　二〇〇六
伴瀬明美「院政期における後宮の変化とその意義」『日本史研究』402　一九九六
「中世前期――天皇家の光と陰」服藤早苗編著『歴史のなかの皇女たち』所収。小学館　二〇〇二
本郷恵子『怪しいものたちの中世』角川選書　二〇一五
美川圭「崇徳院誕生問題の歴史的背景」『古代文化』56―10　二〇〇四
『白河法皇――中世をひらいた帝王』角川ソフィア文庫　二〇一三
横山和弘「白河院政期における法親王の創出」『歴史評論』657　二〇〇五

第五章

河音能平『世界史のなかの日本中世文書』文理閣　一九九六
木村真美子「中世の院御厩司について――西園寺家所蔵『御厩司次第』を手がかりに」『学習院大学史料館紀要』10　一九九九
宮内庁書陵部編『皇室制度史料　太上天皇2』吉川弘文館　一九七九
佐藤進一『新版　古文書学入門』法政大学出版局　二〇〇三
瀬野精一郎編『備後国大田荘史料一』吉川弘文館　一九八六

土田直鎮「平安時代の政務と儀式」『国學院大學日本文化研究所紀要』33　一九七四
橋本義彦「貴族政権の政治構造」『岩波講座　日本歴史4　古代4』所収　岩波書店　一九七六
本郷恵子「中世文書の伝来と廃棄――紙背文書と案」『史学雑誌』107―6　一九九八
渡辺滋『日本古代文書研究』思文閣出版　二〇一四

第六章

赤松俊秀「鎌倉文化」『岩波講座　日本歴史5　中世1』所収。岩波書店　一九六二
伊藤大輔『肖像画の時代――中世形成期における絵画の思想的深層』名古屋大学出版会　二〇一一
神田龍身「男色家・藤原頼長の自己破綻――『台記』の院政期」小嶋菜温子編『叢書　文化学の越境　王朝の性と身体―逸脱する物語』森話社　一九九六
五味文彦『院政期社会の研究』山川出版社　一九八四
棚橋光男『後白河法皇』講談社選書メチエ　一九九五　のち講談社学術文庫
東野治之「日記にみる藤原頼長の男色関係――王朝貴族のウィタ・セクスアリス」『ヒストリア』84　一九七九
美川圭「後白河院政と文化・外交――蓮華王院宝蔵をめぐって」『立命館文學』624　二〇一二

第七章

石井進「院政時代」『講座日本史2　封建社会の成立』所収　東京大学出版会　一九七〇
伊藤大輔「宮廷芸能としての絵画」『天皇の美術史2　治天のまなざし、王朝美の再構築』吉川弘文館　二〇一七
櫻井陽子「頼朝の征夷大将軍任官をめぐって――『三槐荒涼抜書要』の翻刻と紹介―」『明月記研究』9　二〇〇四
塩原浩「三左衛門事件と一条家」『立命館文学』624　二〇一二
下村周太郎「『将軍』と『大将軍』――源頼朝の征夷大将軍任官とその周辺」『歴史評論』698　二〇〇八
関幸彦『敗者の日本史6　承久の乱と後鳥羽院』吉川弘文館　二〇一二
辻浩和「院政期における後鳥羽芸能の位置――後白河芸能との関係を中心に」『史学雑誌』116―7　二〇〇七
橋本義彦「官務家小槻氏の成立とその性格――下級官僚氏族の典型として」同氏『平安貴族社会の研究』所収　吉川弘文館　一九七

六
本郷恵子『中世公家政権の研究』東京大学出版会　一九九八「公家と武家」『岩波講座　天皇と王権を考える2　統治と権力』所収　岩波書店　二〇〇二
『古今著聞集――物語の舞台を歩く』山川出版社　二〇一〇

第八章

岩佐美代子『永福門院――飛翔する南北朝女性歌人』笠間書院　二〇〇〇
「花園天皇宸記の『女院』」『日本歴史』639　二〇〇一
岩橋小弥太『人物叢書　花園天皇』吉川弘文館　一九六二
小川剛生「四辻善成の生涯」同氏『二条良基研究』所収　笠間書院　二〇〇五
佐藤進一・網野善彦・笠松宏至『日本中世史を見直す』悠思社　一九九四
布谷陽子「七条院領の伝領と四辻親王家――中世王家領伝領の一形態」『日本史研究』461　二〇〇一
松薗斉「中世の宮家について――南北朝・室町期を中心に」『愛知学院大学人間文化研究所紀要・人間文化』25　二〇一〇
村田正志著作集7『風塵録』思文閣出版　一九八六
兵藤裕己『後醍醐天皇』岩波新書　二〇一八
森茂暁『皇子たちの南北朝――後醍醐天皇の分身』中公文庫　二〇〇七

第九章

飯倉晴武『地獄を二度も見た天皇　光厳院　歴史文化ライブラリー147』吉川弘文館　二〇〇二
伊藤喜良『人物叢書　足利義持　新装版』吉川弘文館　二〇〇八
本郷恵子『将軍権力の発見』講談社選書メチエ　二〇一〇
森茂暁『室町幕府崩壊』角川ソフィア文庫　二〇一七
末柄豊『戦国時代の天皇　日本史リブレット82』山川出版社　二〇一八

おわりに

藤田覚『幕末の天皇』講談社選書メチエ　一九九四　のち講談社学術文庫　二〇一三
『光格天皇――自身を後にし天下万民を先とし』ミネルヴァ書房　二〇一八

講談社現代新書　2523

院政《いんせい》　天皇《てんのう》と上皇《じょうこう》の日本史《にほんし》

二〇一九年五月二〇日第一刷発行　二〇一九年六月一〇日第二刷発行

著者　本郷恵子《ほんごうけいこ》　© Keiko Hongo 2019

発行者　渡瀬昌彦

発行所　株式会社講談社
東京都文京区音羽二丁目一二―二一　郵便番号一一二―八〇〇一

電話　〇三―五三九五―三五二一　編集（現代新書）
〇三―五三九五―四四一五　販売
〇三―五三九五―三六一五　業務

装幀者　中島英樹

印刷所　株式会社新藤慶昌堂

製本所　株式会社国宝社

定価はカバーに表示してあります　Printed in Japan

N.D.C. 210　284p　18cm
ISBN978-4-06-516087-9

「講談社現代新書」の刊行にあたって

教養は万人が身をもって養い創造すべきものであって、一部の専門家の占有物として、ただ一方的に人々の手もとに配布され伝達されうるものではありません。

しかし、不幸にしてわが国の現状では、教養の重要な養いとなるべき書物は、ほとんど講壇からの天下りや単なる解説に終始し、知識技術を真剣に希求する青少年・学生・一般民衆の根本的な疑問や興味は、けっして十分に答えられ、解きほぐされ、手引きされることがありません。万人の内奥から発した真正の教養への芽ばえが、こうして放置され、むなしく滅びさる運命にゆだねられているのです。

このことは、中・高校だけで教育をおわる人々の成長をはばんでいるだけでなく、大学に進んだり、インテリと目されたりする人々の精神力の健康さえもむしばみ、わが国の文化の実質をまことに脆弱なものにしています。単なる博識以上の根強い思索力・判断力、および確かな技術にささえられた教養を必要とする日本の将来にとって、これは真剣に憂慮されなければならない事態であるといわなければなりません。

わたしたちの「講談社現代新書」は、この事態の克服を意図して計画されたものです。これによってわたしたちは、講壇からの天下りでもなく、単なる解説書でもない、もっぱら万人の魂に生ずる初発的かつ根本的な問題をとらえ、掘り起こし、手引きし、しかも最新の知識への展望を万人に確立させる書物を、新しく世の中に送り出したいと念願しています。

わたしたちは、創業以来民衆を対象とする啓蒙の仕事に専心してきた講談社にとって、これこそもっともふさわしい課題であり、伝統ある出版社としての義務でもあると考えているのです。

一九六四年四月　野間省一

日本史Ⅰ

Ⓖ

日本史Ⅱ